서울대학교
한국어

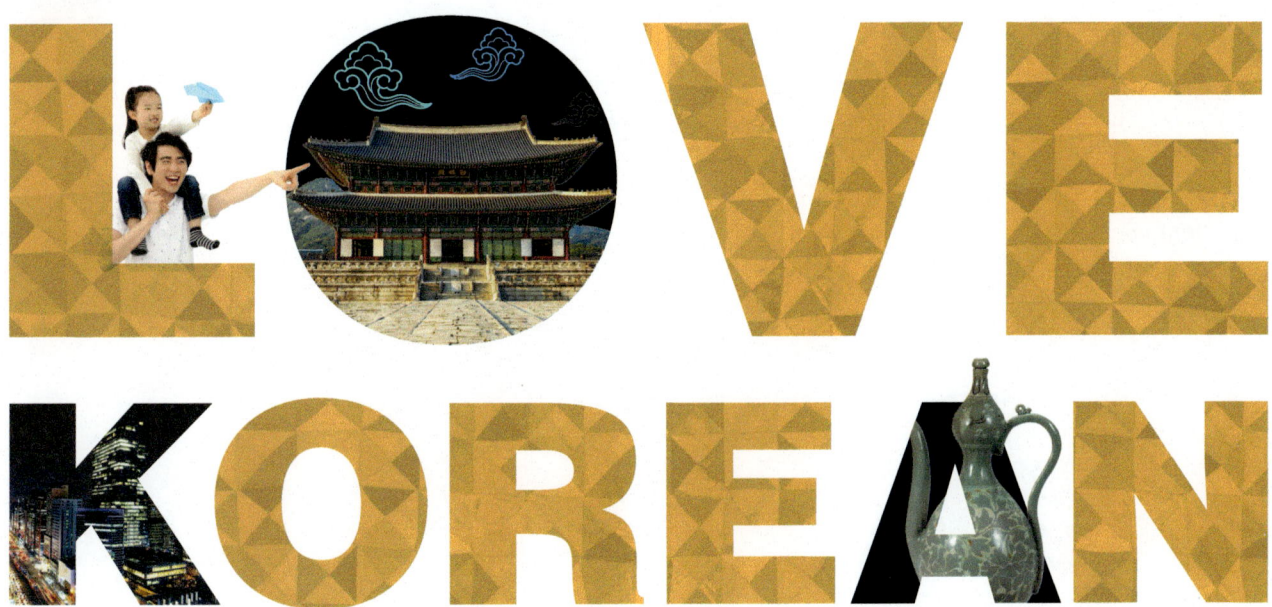

LOVE KOREAN

서울대학교 언어교육원

Student's Book 6

서울대학교출판문화원

I Love Korean 6
Student's Book

초판 1쇄 발행 2016년 3월 5일
초판 2쇄 발행 2025년 5월 20일

지은이   서울대학교 언어교육원

펴낸곳   서울대학교출판문화원
주소   08826 서울 관악구 관악로 1
도서주문   02-889-4424, 02-880-7995
홈페이지   www.snupress.com
페이스북   @snupress1947
인스타그램 @snupress
이메일   snubook@snu.ac.kr
출판등록   제15-3호

ISBN 978-89-521-1791-5 04710
     978-89-521-1804-2 (세트)

ⓒ 서울대학교 언어교육원, 2016

이 책은 저작권법에 의해서 보호를 받는 저작물이므로
무단 전재와 복제를 금합니다.

Written by Language Education Institute, Seoul National University
Published by Seoul National University Press

Copyright ⓒ 2016 by Language Education Institute, Seoul National University

All rights reserved. No part of this publication may be reproduced in any form
without the written permission from the publisher.

The MP3 audio files can be accessed and downloaded through the SNU Language Education Institute website http://lei.snu.ac.kr/klec, SNU Press website http://www.snupress.com, and the QR code below.

Preface

I Love Korean 6 Student's Book is the sixth volume in the Korean textbook series designed for adult learners who will learn the Korean language in a short-term program (approximately 60 hours). This book has been developed in order for learners to possess practical communication skills in a short period of time, and it has the following features:

First, this book is based on a situation/function-centered syllabus composed of actual and practical content used in everyday life. Vocabulary, grammar, and expressions were selected on the basis of situations and functions essential for learners.

Second, the Student's Book aims to enable learners to acquire vocabulary, grammar, and expressions systematically. The content is conveniently arranged for learners, presenting main vocabulary at the beginning and grammar exercises at the end of each lesson. In addition, detailed explanations regarding target grammar and expressions are provided so that learners will be able to accurately understand and appropriately use them.

Third, a variety of tasks and activities are provided to enable learners to use communication skills and completely acquire the target grammar and expressions. By performing such tasks and activities, learners will be able to improve their communicative fluency and encourage their desire to learn.

Fourth, each lesson is organized in consideration of the class structure and the learner. After introducing vocabulary related to the topic, conversations that include grammar and expressions related to the topic and given situations are presented not only to suit the structure of communicative language class, but also to facilitate understanding and application.

Fifth, learners will be able to improve their communicative skills such as listening, speaking, reading, and writing as well as their knowledge of vocabulary, grammar, and expressions. The separate Workbook helps learners to practice and organize what they have learned from the Student's Book through exercises in vocabulary, grammar, and expressions.

Sixth, rich visual materials such as photographs and illustrations are provided to arouse interest in learning. Through visuals, learners will be able to study more effectively by having accurate understanding of given meanings and situations as well as interest in learning.

Seventh, Korean culture is introduced in the conversation parts of each lesson so that learners have opportunity to learn about various cultural aspects related to given situations in the conversation.

Eighth, this book can be used as a textbook not only for classroom learning but also for independent learning. Also if learners study each lesson in order using the MP3 audio files available at the SNU Language Education Institute website (http://lei.snu.ac.kr/klec) and the SNU Press website (http://www.snupress.com), they will be able to achieve successful results in their study. Learners will be able to evaluate themselves and review the outcome of their learning as well.

We at the SNU Language Education Institute wish to express our sincere gratitude to all the instructors from the Textbook Development Committee who have dedicated their effort in the writing and publication of this book for an extended period of time. Additionally, we would like to extend our gratitude to Ms. Kwak Jin-hee, Head of the Publishing Department of the SNU Press, and her editorial staff for their support in having this book published.

February 2016

Young chul Jun

Executive Director, Language Education Institute, Seoul National University

일러두기
How to Use This Book

I Love Korean 6 Student's Book consists of nine lessons, and each lesson is composed of the following sections.

Photographs related to the topic of each lesson are presented.

You will be able to

Learning objectives of each lesson are provided.

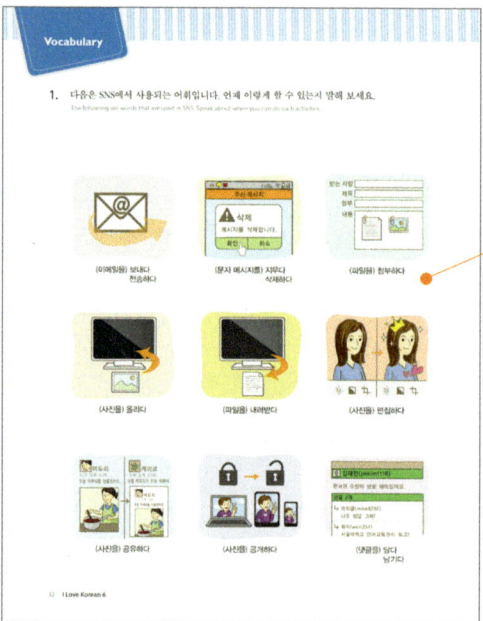

Vocabulary

Main vocabulary or expressions are categorized and presented with illustrations in which their meanings can be inferred.

Conversation

Learners will be able to master target grammar and grasp the structure of conversations through simple dialogues.

Culture

Korean culture related to the topic of each lesson is introduced.

Learners will practice spoken discourse based on the given dialogue.

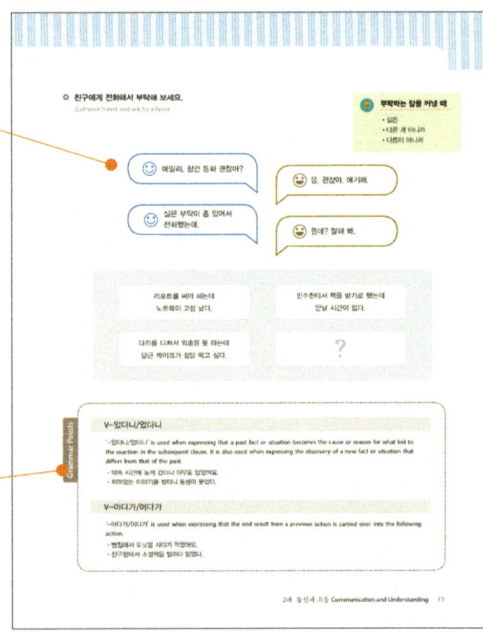

Grammar Points

Target grammar points are provided with example sentences that enable learners to recognize inflections or conjugations.

일러두기 How to Use This Book   5

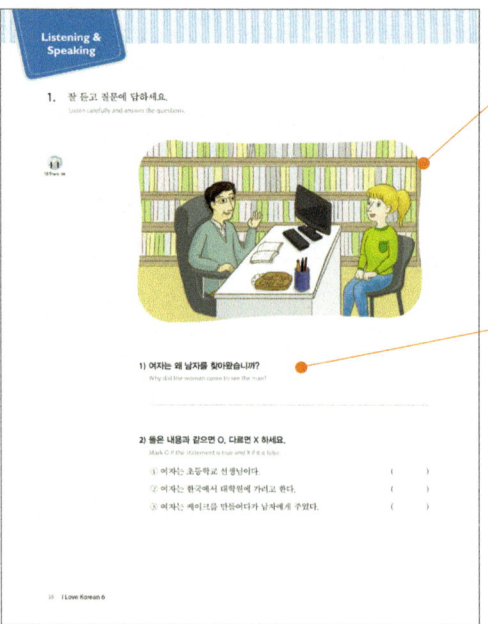

Listening & Speaking

Each lesson is presented with relevant photographs or illustrations so that learners will be able to review the target grammar, vocabulary, and expressions.

Comprehension questions are presented so that learners will be able to check if they have understood the content of what they heard after listening to authentic dialogues.

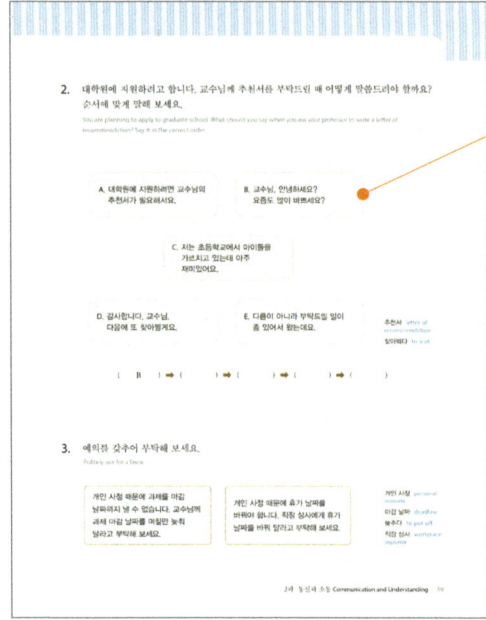

Learners will have conversation practice related to the theme and function of the listening comprehension.

Reading & Writing

Actual and various passages are presented.

Comprehension questions on the reading passages are presented.

Learners will practice various forms of writing on themes relevant to the reading comprehension passages.

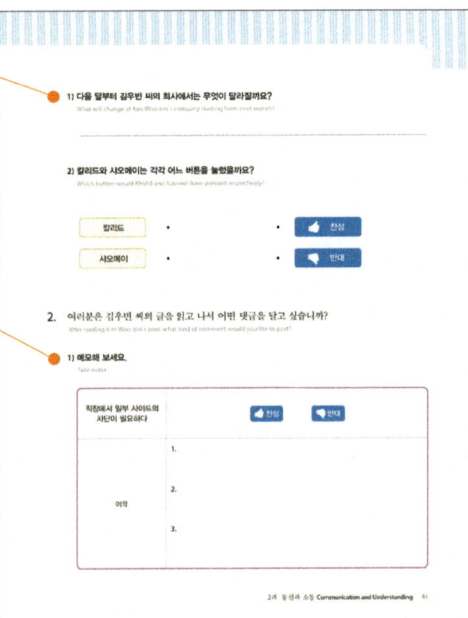

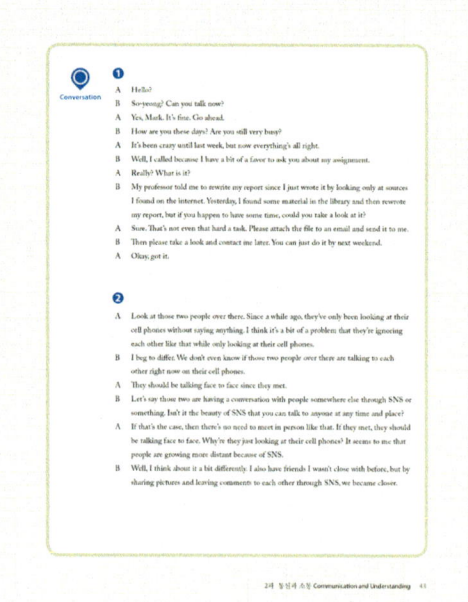

Translation

For convenience, English translations of Conversation 1 and 2 are presented.

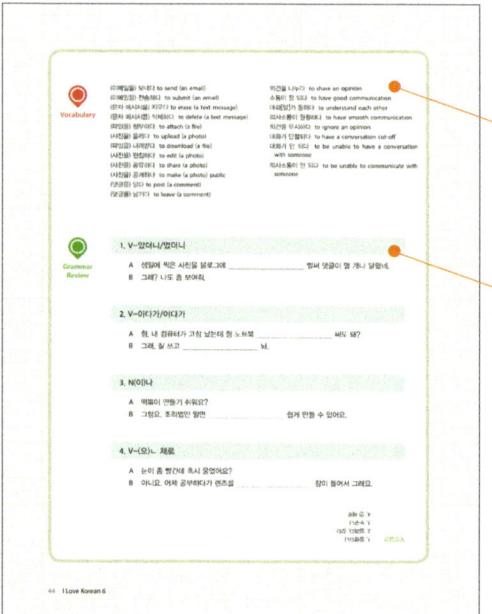

English translations of main vocabulary are presented.

Learners will review target grammar points in each lesson.

Grammar Reference

'Grammar Points' is presented with in-depth grammar explanations.

Listening Transcript

'Listening & Speaking' transcripts are provided.

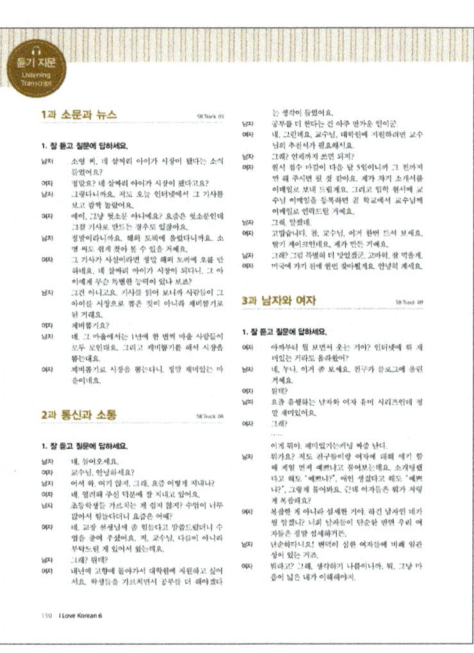

Answer Key

Answers to 'Listening & Speaking' and 'Reading & Writing' exercises are provided.

Glossary

All new vocabulary words that appear in the textbook are provided with page numbers.

차례 Contents

머리말 Preface — 3
일러두기 How to Use This Book — 4
교재 구성표 Scope and Sequence — 12
등장인물 Characters — 14

1과 | Lesson 1	소문과 뉴스 Rumors and News	17
2과 | Lesson 2	통신과 소통 Communication and Understanding	31
3과 | Lesson 3	남자와 여자 Men and Women	45
4과 | Lesson 4	개인과 공동체 Individuals and Communities	59
5과 | Lesson 5	취업과 직장 Jobs and Workplaces	73
6과 | Lesson 6	사고와 처리 Accidents and Settlements	87
7과 | Lesson 7	가족과 사회 Family and Society	101
8과 | Lesson 8	환경 오염과 환경 보호 Environmental Pollution and Protection	115
9과 | Lesson 9	과거와 현재 Past and Present	129

부록 Appendix — 143

교재 구성표
Scope and Sequence

단원 Lesson	1과 소문과 뉴스	2과 통신과 소통	3과 남자와 여자	4과 개인과 공동체
어휘 Vocabulary	• 소문 • 신문과 뉴스	• SNS • 의사소통	• 성격 • 남편과 아내의 역할	• 주거 • 공동 주택에서 발생하는 문제
말하기 Conversation	• 들은 이야기 전달하기 • 전달한 내용 강조하기	• 상황과 예의에 맞게 부탁하기 • 상황과 예의에 맞게 문제 제기하기	• 맞장구치기 • 비교해서 말하기	• 정중하게 양해 구하기 • 예의를 갖춰 항의하기
듣고 말하기 Listening & Speaking	• 뉴스 내용 전해 듣기 • 기사 내용 말하기	• 추천서 부탁하는 대화 듣기 • 추천서 부탁하기	• 남녀 차이에 대한 대화 듣기 • 고향의 남녀 차이에 대한 인식 말하기	• 수리를 요청하는 대화 듣기 • 공동 주택에서 발생하는 문제에 대해 항의하기
읽고 쓰기 Reading & Writing	• 친구가 보낸 이메일 읽기 • 친구에게 이메일 쓰기	• 블로그에 올린 글 읽기 • 댓글 쓰기	• 전래 동화 읽기 • 전래 동화를 현대식으로 바꾸어 쓰기	• 층간 소음에 대한 기사 읽기 • 층간 소음 문제 해결 방법에 대한 의견 쓰기
문화 Culture	• 군대에 가요 • 한턱내세요!	• 정중하게 부탁하는 법 • 한국의 인터넷	• ~니? vs ~냐? • 상황에 따른 직장 상사의 말투	• 떡 드세요 • 온돌과 온수관
핵심 표현 Grammar Points	• A-다는 N, V-ㄴ다는/는다는 N, N(이)라는 N • A-다던데요, V-ㄴ다던데요/는다던데요, N(이)라던데요 • A-다더라고요, V-ㄴ다더라고요/는다더라고요, N(이)라더라고요 • A-다니까요, V-ㄴ다니까요/는다니까요, N(이)라니까요	• V-았더니/었더니 • V-아다가/어다가 • N(이)나 • V-(으)ㄴ 채로	• A/V-기는커녕, N은/는커녕 • V-기 나름이다 • N에 비해서 • A-(으)ㄴ 반면에, V-는 반면에	• A/V-(으)ㄹ지도 모르다 • A/V-더라도 • A/V-(으)ㄹ 정도 • A/V-(으)ㄹ 리가 없다

12 I Love Korean 6

단원 Lesson	5과 취업과 직장	6과 사고와 처리	7과 가족과 사회	8과 환경 오염과 환경 보호	9과 과거와 현재
어휘 Vocabulary	• 취업할 때 고려하는 것 • 직장 생활	• 교통사고 • 사고와 부상	• 가족 • 조사	• 환경 오염 요인 • 환경 보호 방법	• 건물 묘사 • 도시 묘사
말하기 Conversation	• 취업에 대한 조언 구하고 조언하기 • 연봉 협상하기	• 사고 경위 설명하기 • 해명해서 오해 풀기	• 조사 결과 발표하기 • 조사 결과를 바탕으로 프레젠테이션하기	• 환경 오염의 심각성 경고하기 • 환경 보호 주장하고 동의하기	• 고궁에 대해 설명하기 • 서울 풍경 묘사하기
듣고 말하기 Listening & Speaking	• 조언을 구하고 조언하는 대화 듣기 • 조언하기와 조언 듣기	• 사고 경위를 설명하는 대화 듣기 • 사고 당한 경험에 대해 육하원칙에 따라 말하기	• 가족 문제에 대한 조사 결과 보도 듣기 • 설문 조사하기	• 쓰레기 문제에 대한 대화 듣기 • 환경 보호를 위해 할 수 있는 일 말하기	• 서울의 명소를 소개하는 설명 듣기 • 서울의 명소 소개하기
읽고 쓰기 Reading & Writing	• 새로운 직업에 대한 글 읽기 • 미래에 유망한 직업을 소개하는 글 쓰기	• 사고 보도 기사 읽기 • 육하원칙에 따라 기사 쓰기	• 조사 결과 기사 읽기 • 조사 결과를 바탕으로 발표문 쓰기	• 공익 광고 읽기 • 공익 광고 만들기	• 서울의 명소 소개하는 글 읽기 • 모국 수도의 명소 소개하는 글 쓰기
문화 Culture	• 사설 학원 • 휴가철	• 자동차 보험 서비스 • 버스 정보 시스템	• 기러기 가족 • 고령친화사업	• 지역 특산물 • 한국의 기후 변화	• 조선의 궁궐 • 사대문과 사소문
핵심 표현 Grammar Points	• A/V-지 않을까 싶다 • A-(으)ㄴ 면이 있다, V-는 면이 있다 • A/V-았으면/었으면 하다 • V-다 보면	• A/V-길래 • V-는 바람에 • A/V-아/어 가지고 • A/V-(으)ㄹ 수밖에 없다	• N에 의하면 • N(으)로 인해 • V-는 데 • V-(으)ㅁ으로써	• V-다 보니까 • V-다가는 • V-고 말다 • A/V-아야/어야	• A/V-(으)ㄹ 뿐만 아니라, N뿐만 아니라 • N(이)야말로 • N은/는 A-다는 점이다, N은/는 V-ㄴ다는/는다는 점이다, N은/는 N(이)라는 점이다 • 어찌나 A/V-던지

교재 구성표 Scope and Sequence

서울대학교 언어교육원 한국어 교재 《I Love Korean》 보기

1. 서울대학교 언어교육원 홈페이지(http://lei.snu.ac.kr/klec)에 접속하여 상단의 '한국어교육센터'를 선택합니다.

2. 하단의 '2. 교재 보기'를 클릭합니다.

3. 교재 페이지에서 'I Love Korean'을 선택하면 듣기 자료인 MP3 파일을 다운로드할 수 있습니다.

1 소문과 뉴스
Rumors and News

You will be able to
relay what you have seen or heard.
assert that what you have relayed is true.

Vocabulary

1. 다음은 소문에 대한 어휘와 표현입니다.
   무슨 일이 있을 때 이런 말을 하는지 말해 보세요.
   The following are words and phrases that are related to rumors. Speak about what occasions you say such words.

- 소문
- 헛소문
- 유언비어

- 소문을 퍼뜨리다
- 소문이 퍼지다
- 소문을 내다
- 소문이 나다

- 소문을 듣다
- 소문으로 듣다

- 소문이 돌다
- 소문이 떠돌다

2. 다음은 신문과 뉴스에 대한 어휘와 표현입니다.
   신문과 뉴스에서 본 내용에 대해 말해 보세요.
   The following are words and phrases about the newspaper and the news. Speak about content you have seen in the newspaper and on the news.

신문에 나다   신문에 실리다

뉴스[신문]에 나오다   뉴스[신문]에 보도되다

해외 토픽

속보

1과 소문과 뉴스 Rumors and News 19

Conversation 1

A 어, 유나야. 여기야.

B 정말 오랜만이다. 제대하니까 좋지?

A 응. 너도 잘 지냈지? 다른 친구들은?

B 다들 잘 지내고 있지. 아직 아무도 안 만나 봤어?

A 응, 아직. 너 혹시 민아 소식 들었어?

B 글쎄. 졸업 후에 호주로 유학 갔다는 말을 들었어. 거기서 결혼도 했다던데.

A 결혼? 언제? 누구랑?

B 나도 소문으로 들은 거라 정확한 건 모르겠어. 근데 넌 왜 만나자마자 민아 얘기만 하는 거야?

A 어, 미안. 사실 민아가 내 첫사랑이거든. 군대 가서 생각해 보니까 좋아한다는 말도 못해 본 게 후회되더라고.

B 네가 민아를 좋아한다는 소문이 헛소문이 아니었구나. 그런데 혹시 지금도 좋아하는 건 아니겠지?

A 아냐, 그냥 궁금해서 물어본 거였어. 우리 밥이나 시키자.

제대하다 to be discharged (from the military)
-(이)랑 with
첫사랑 first love

Culture

군대에 가요 I'm Going to the Military

Healthy Korean male citizens over the age of 18 have the duty to serve in the military as stipulated in the constitution and the conscription law. Men are conscripted to join the military by enlisting in the army or successfully applying for recruitment to the army, navy, air force, or marines. For women, only applicants who are qualified can become professional soldiers.

다음과 같이 이야기해 보세요.
Practice the conversation as follows.

- 민아 소식 들었어?
- 호주로 유학 갔다는 말을 들었어. 결혼도 했다던데.
- 결혼? 언제? 누구랑?
- 나도 소문으로 들은 거라 잘 몰라.

- 휴대폰을 사고 싶은데 뭐가 좋대?
- 요즘 상영하는 영화 중에 뭐가 재미있대?
- 지하철역 앞에 새로 생긴 인도 식당이 어떻대?
- ?

상영하다 to show; to play

Grammar Points

A-다는 N, V-ㄴ다는/는다는 N, N(이)라는 N

'-다는 N' is used when quoting what one learned from what was seen or heard while modifying the following noun.
- 지영 씨가 아프다는 소식을 들었어요.
- 애니 씨가 주말에 태권도를 배운다는 말을 들었어요.

A-다던데요, V-ㄴ다던데요/는다던데요, N(이)라던데요

'-다던데요,' which is a simplified form of '-다고 하던데요,' is used when relaying what one learned from what was seen or heard to others.
- 일기 예보에서 오늘은 날씨가 춥다던데요.
- 재민이가 내일은 학교에 안 간다던데요.

Conversation 2

A 김 대리님, 이번에 미국 지사에 누가 가게 됐는지 아세요?

B 벌써 발표가 났어요?

A 네. 방금 회사 홈페이지에서 봤는데요. 영업부 박 대리가 가게 됐다더라고요. 그것도 과장으로 승진해서 간다던데요.

B 정말요?

A 그렇다니까요.

B 박 대리는 영어를 잘 못하지 않아요?

A 그동안 영어 학원에 다니면서 열심히 준비했대요. 이번 지원자 중에서 영어 점수도 제일 높았다던데요.

B 그래요?

A 게다가 '이달의 사원'으로 박 대리가 선정돼서 회사 신문에도 실린대요.

B 정말 대단하네요. 이따가 만나면 한턱내라고 해야겠어요.

지사 branch
발표가 나다 to be announced
영업부 sales department
지원자 applicant
이달 this month
선정되다 to be chosen

Culture

한턱내세요! Treat Me to a Meal!

In Korea, when there is a joyous event such as a promotion or a new baby, it is customary for people being congratulated to treat those around them to food or drinks. This is called '한턱내다.'

다음과 같이 이야기해 보세요.
Practice the conversation as follows.

> 미국 지사에 박 대리가 가게 됐다더라고요.

> 정말요?

> 그렇다니까요. 게다가 '이달의 사원'으로 회사 신문에도 실린대요.

> 정말 대단하네요.

IQ100의 암기 천재
1시간 동안 단어 200개를 외우는 12세 소년 영어, 프랑스어, 중국어 등 5개 국어에 능통해······.

커피 마시고 장수하세요
커피 마시면 심장병 위험 낮아져 하루 4잔 정도 마시는 것이 가장 좋다······.

암기 memorization
천재 genius
능통하다 to be proficient
장수하다 to live a long life
심장병 heart disease

Grammar Points

A-다더라고요, V-ㄴ다더라고요/는다더라고요, N(이)라더라고요

'-다더라고요,' which is a simplified form of '-다고 하더라고요,' is used when recalling what one learned from what was seen or heard.

- 지영 씨가 새로 이사한 집이 정말 좋다더라고요.
- 화요일에는 박물관이 문을 닫는다더라고.

A-다니까요, V-ㄴ다니까요/는다니까요, N(이)라니까요

'-다니까요' is used when hoping to emphasize what was said once again when the listener reacts with skepticism about what was previously said.

- 그냥 소문이 아닌 것 같다니까.
- 두 사람이 정말 사귄다니까요.

Listening & Speaking

1. 잘 듣고 질문에 답하세요.
Listen carefully and answer the questions.

1) 남자가 본 인터넷 기사는 무엇입니까?
What is the online article that the man saw?

_____

2) 들은 내용과 같으면 O, 다르면 X 하세요.
Mark O if the statement is true and X if it is false.

① 요즘은 헛소문이 기사가 되는 경우가 있다. ( )

② 네 살짜리 아이는 1년 동안 시장으로 일해야 한다. ( )

③ 남자는 해외 토픽에 오른 기사를 헛소문이라고 생각한다. ( )

시장 mayor

2. 다음 기사를 보고 이야기해 보세요.
Look at the following article and talk about it.

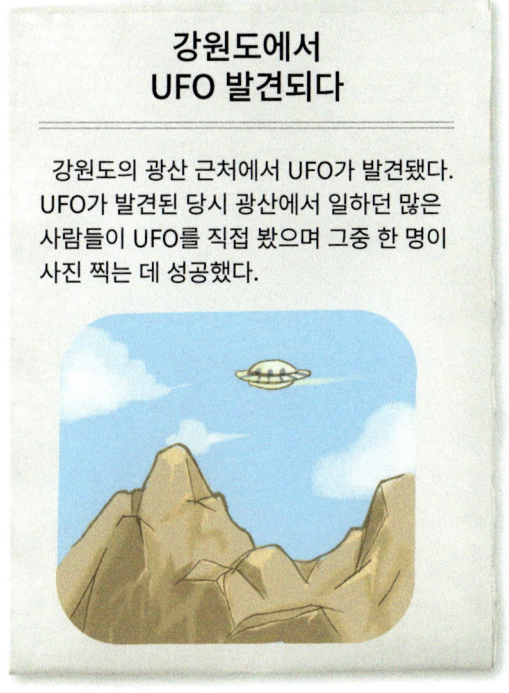

강원도에서 UFO 발견되다

강원도의 광산 근처에서 UFO가 발견됐다. UFO가 발견된 당시 광산에서 일하던 많은 사람들이 UFO를 직접 봤으며 그중 한 명이 사진 찍는 데 성공했다.

수상 스키를 즐기는 7개월 아기

태어난 지 7개월 된 아기가 수상 스키를 타는 동영상이 인터넷에 올라와 해외 토픽에 오를 정도로 화제가 되고 있다.

발견되다 to be discovered
광산 mine
당시 at that time
수상 스키 water ski
화제 topic

3. 인터넷에서 해외 토픽을 찾아서 이야기해 보세요.
Find international news on the internet and talk about it.

Reading & Writing

1. 다음을 읽고 질문에 답하세요.
Read the following passage and answer the questions.

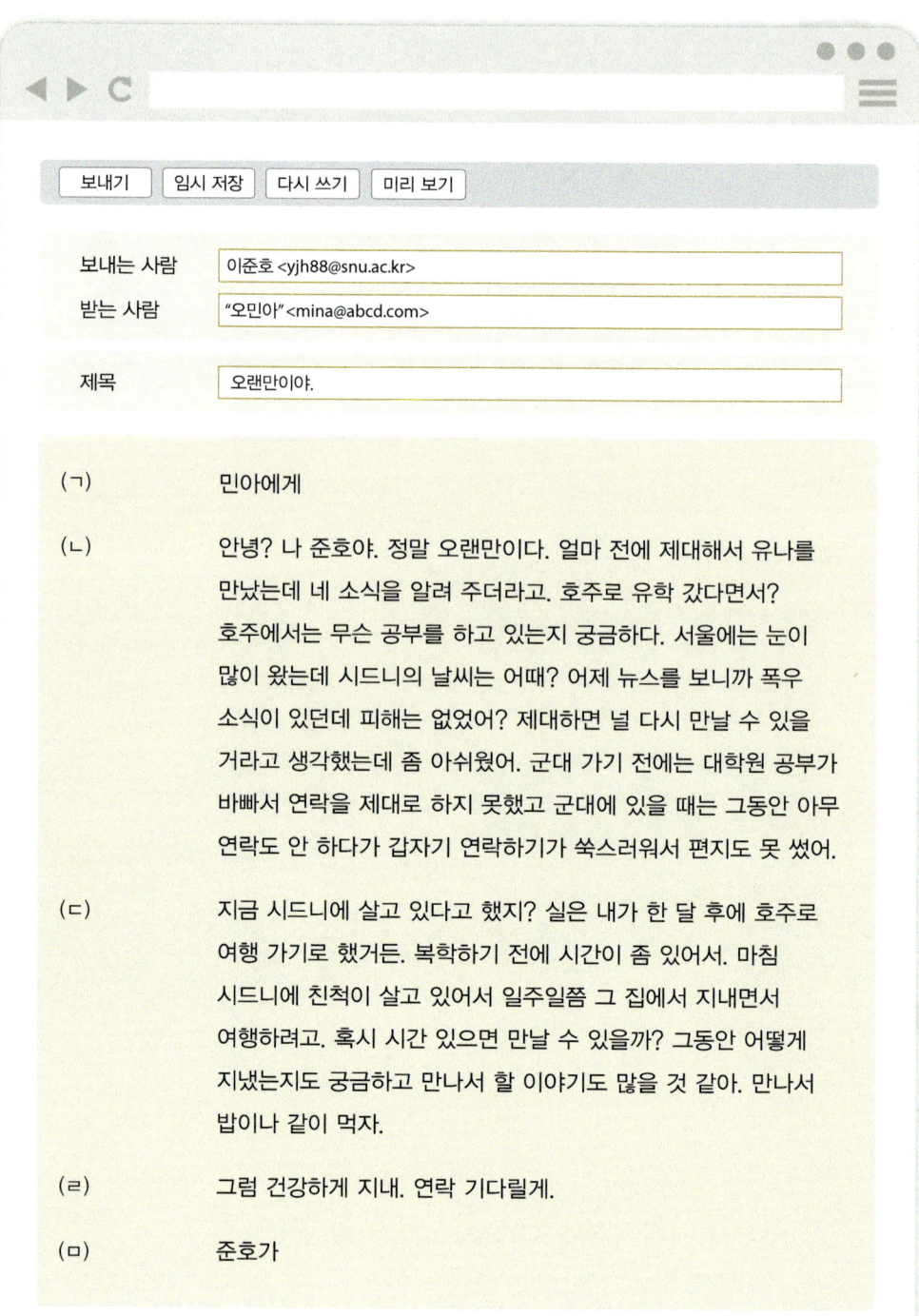

(ㄱ) 민아에게

(ㄴ) 안녕? 나 준호야. 정말 오랜만이다. 얼마 전에 제대해서 유나를 만났는데 네 소식을 알려 주더라고. 호주로 유학 갔다면서? 호주에서는 무슨 공부를 하고 있는지 궁금하다. 서울에는 눈이 많이 왔는데 시드니의 날씨는 어때? 어제 뉴스를 보니까 폭우 소식이 있던데 피해는 없었어? 제대하면 널 다시 만날 수 있을 거라고 생각했는데 좀 아쉬웠어. 군대 가기 전에는 대학원 공부가 바빠서 연락을 제대로 하지 못했고 군대에 있을 때는 그동안 아무 연락도 안 하다가 갑자기 연락하기가 쑥스러워서 편지도 못 썼어.

(ㄷ) 지금 시드니에 살고 있다고 했지? 실은 내가 한 달 후에 호주로 여행 가기로 했거든. 복학하기 전에 시간이 좀 있어서. 마침 시드니에 친척이 살고 있어서 일주일쯤 그 집에서 지내면서 여행하려고. 혹시 시간 있으면 만날 수 있을까? 그동안 어떻게 지냈는지도 궁금하고 만나서 할 이야기도 많을 것 같아. 만나서 밥이나 같이 먹자.

(ㄹ) 그럼 건강하게 지내. 연락 기다릴게.

(ㅁ) 준호가

알려 주다 to inform
제대로 properly
쑥스럽다 to be awkward
복학하다 to go back to school
친척 relative

1) 준호가 민아에게 편지를 쓴 이유는 무엇입니까?
Why did Joon-ho write a letter to Min-a?

_____

2) 글의 내용과 같으면 O, 다르면 X 하세요.
Mark O if the statement is true and X if it is false.

① 준호는 유나한테서 민아의 소식을 들었다. ( )

② 준호는 방학하자마자 시드니에 갈 계획이다. ( )

③ 준호는 1년 동안 호주에서 유학할 예정이다. ( )

3) 알맞은 것을 연결하세요.
Match each item with the correct item.

① (ㄱ) • • ⓐ 받는 사람:
윗사람에게는 'ㅇㅇ님(께)',
가족 중 윗사람에게는 'ㅇㅇ께',
친구나 아랫사람에게는 'ㅇㅇ에게'라고 쓴다.

② (ㄴ) • • ⓑ 끝인사:
보통 건강하기 바란다는 말, 감사의 말,
답장을 달라는 말 등을 간단하게 쓴다.

③ (ㄷ) • • ⓒ 보내는 사람:
윗사람에게는 'ㅇㅇ 올림'이나 'ㅇㅇ 드림',
친구나 아랫사람에게는 'ㅇㅇ이/가'라고 쓴다.

④ (ㄹ) • • ⓓ 첫인사, 안부 / 근황:
보통 날씨, 건강에 대한 이야기로 시작한다.
내가 그동안 어떻게 지냈는지 쓰고, 상대방이
어떻게 지내느냐고 묻는다.

⑤ (ㅁ) • • ⓔ 용건:
편지를 쓰는 이유, 하고 싶은 말을 쓴다.

윗사람 superior
아랫사람 subordinate
끝인사 closing remarks
등 etc.
첫인사 opening remarks
안부 tidings; greetings
묻다 to ask

2. 오랫동안 만나지 못한 한국 친구나 지인에게 보낼 이메일을 써 보세요.
Write an email that you will send to a Korean friend or acquaintance whom you could not meet for a long time.

| 보내기 | 임시 저장 | 다시 쓰기 | 미리 보기 |

보내는 사람:
받는 사람:
제목:

Conversation

1

A Oh, Yu-na. Over here.

B It's been so long. You must feel great to be out of the army.

A Yeah. You've been doing well too, right? How about our friends?

B Everyone's been doing just fine. You haven't met any of them yet?

A No, not yet. By any chance, have you heard anything about Min-a?

B Well. I heard she went to study abroad in Australia after graduation. Our friends say she also got married there.

A Married? When? With whom?

B I don't know the exact story since I heard it through the grapevine. But why's it that as soon as we met you're only talking about Min-a?

A Oh, sorry. Actually, Min-a was my first love. Thinking about her while in the military, I regretted being unable to tell her that I liked her.

B So it wasn't just a rumor that you liked Min-a. But you wouldn't happen to like her even now, right?

A Nah, I was just asking because I was curious. Let's just order something to eat.

2

A Mr. Kim, do you know who will be going to the U.S. branch this time?

B Has it been announced already?

A Yes. I just saw it on the company website. It says Mr. Park from the sales department will be going. But it also says he will be going as the newly promoted department manager.

B Really?

A That's what I'm telling you.

B Isn't he not so good at English?

A They say he went to an English language school, worked hard, and that his English score was the highest among this round of applicants.

B Really?

A And they say he was chosen as 'employee of the month' and that his interview will even be issued in the company newspaper.

B That's really incredible! If I meet him later, I'll have to tell him to treat us to a meal.

Vocabulary

소문 rumor
헛소문 false rumor
유언비어 canard; wild rumor
소문을 퍼뜨리다 to spread a rumor
소문이 퍼지다 to have a rumor spread
소문을 내다 to start a rumor
소문이 나다 to be rumored
소문을 듣다 to hear a rumor
소문으로 듣다 to hear through the grapevine
소문이 돌다 to have a rumor go around
소문이 떠돌다 to have a rumor float around
신문에 나다 to be in the newspaper
신문에 실리다 to be published in the newspaper
뉴스[신문]에 나오다 to come out on the news [in the newspaper]
뉴스[신문]에 보도되다 to be reported on the news [in the newspaper]
해외 토픽 international news
속보 news flash

Grammar Review

1. A-다는 N, V-ㄴ다는/는다는 N, N(이)라는 N

    A 칼리드 소식 들었어?
    B 응, 다음 달에 _____ 들었어.

2. A-다던데요, V-ㄴ다던데요/는다던데요, N(이)라던데요

    A 오늘 일기 예보 봤어요?
    B 네, 오후에 비가 _____.

3. A-다더라고요, V-ㄴ다더라고요/는다더라고요, N(이)라더라고요

    A 귤을 많이 가져 왔네요.
    B 네, 귤이 감기 예방에 _____. 그래서 친구들과 나눠 먹으려고요.

4. A-다니까요, V-ㄴ다니까요/는다니까요, N(이)라니까요

    A 저 두 사람이 사귄다는 소문이 사실이야?
    B _____. 내가 둘이 손잡고 걸어가는 걸 _____.

모범답안
1. 결혼한다는 얘기
2. 온다던데요
3. 좋다더라고요
4. 그렇다니까, 봤다니까

2 통신과 소통
Communication and Understanding

You will be able to

politely ask for favors appropriate for the situation.

politely raise an issue appropriate for the situation.

Vocabulary

1. 다음은 SNS에서 사용되는 어휘입니다. 언제 이렇게 할 수 있는지 말해 보세요.
The following are words that are used in SNS. Speak about when you can do such activities.

(이메일을) 보내다
전송하다

(문자 메시지를) 지우다
삭제하다

(파일을) 첨부하다

(사진을) 올리다

(파일을) 내려받다

(사진을) 편집하다

(사진을) 공유하다

(사진을) 공개하다

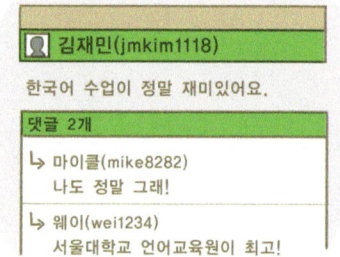
(댓글을) 달다
남기다

2. 다음은 이야기를 주고받는 상황에 대한 표현입니다.
여러분은 주변 사람들과 이야기할 때 어떤지 말해 보세요.
The following are phrases about situations in which you exchange dialogue. Speak about what it is like when talking with those around you.

의견을 나누다

소통이 잘 되다

대화[말]가 통하다

의사소통이 원활하다

의견을 무시하다

대화가 단절되다

대화가 안 되다

의사소통이 안 되다

Conversation 1

A 여보세요?

B 소영 씨? 지금 통화 가능해요?

A 네, 마크 씨. 괜찮아요. 말씀하세요.

B 요즘 어떻게 지내요? 요즘도 많이 바빠요?

A 지난주까진 정신없었는데, 이젠 괜찮아요.

B 저, 다른 게 아니라 과제 때문에 소영 씨한테 부탁할 게 좀 있어서 전화했는데요.

A 그래요? 뭔데요?

B 리포트를 그냥 인터넷에서 검색한 자료만 보고 썼더니 교수님께서 다시 써오라고 하셔서요. 어제 도서관에서 자료 찾아다가 다시 썼는데 혹시 시간 되면 좀 봐 줄 수 있어요?

A 그래요. 별로 어려운 일도 아닌데요, 뭐. 파일을 첨부해서 이메일로 보내 주세요.

B 그럼 보고 나중에 연락 주세요. 다음 주말까지만 하면 돼요.

A 네, 알겠어요.

정신없다 to be hectic
검색하다 to search

Culture

정중하게 부탁하는 법 How to Politely Ask for Favors

When asking someone for a favor, it is polite to ask first how they have been doing lately. It is good etiquette to first explain the context and motive behind asking for the favor. Being too blunt and straight to the point when asking for a favor can give the impression of impoliteness.

○ 친구에게 전화해서 부탁해 보세요.
Call your friend and ask for a favor.

 부탁하는 말을 꺼낼 때
- 실은
- 다른 게 아니라
- 다름이 아니라

 에밀리, 잠깐 통화 괜찮아?

 응, 괜찮아. 얘기해.

 실은 부탁이 좀 있어서 전화했는데.

 뭔데? 말해 봐.

리포트를 써야 하는데 노트북이 고장 났다.	민수한테서 책을 받기로 했는데 만날 시간이 없다.
다리를 다쳐서 외출을 못 하는데 당근 케이크가 정말 먹고 싶다.	?

Grammar Points

V-았더니/었더니

'-았더니/었더니' is used when expressing that a past fact or situation becomes the cause or reason for what led to the reaction in the subsequent clause. It is also used when expressing the discovery of a new fact or situation that differs from that of the past.
- 약속 시간에 늦게 갔더니 아무도 없었어요.
- 재미있는 이야기를 했더니 동생이 웃었다.

V-아다가/어다가

'-아다가/어다가' is used when expressing that the end result from a previous action is carried over into the following action.
- 빵집에서 도넛을 사다가 먹었어요.
- 친구한테서 소설책을 빌려다 읽었다.

Conversation 2

A 저기 두 사람 좀 봐. 아까부터 아무 말도 없이 휴대폰만 보고 있어. 저렇게 서로를 무시한 채 휴대폰만 보는 건 좀 문제라고 생각해.

B 내 생각은 좀 다른데. 지금 저 두 사람이 휴대폰으로 대화하고 있는 건지도 모르잖아.

A 만났는데 얼굴을 보면서 얘기를 해야지.

B 다른 곳에 있는 사람들하고 SNS로 대화하고 있나 보지. 언제나 어디서나 누구하고나 대화할 수 있는 게 SNS의 매력 아니겠어?

A 그렇다면 저렇게 일부러 만날 필요가 없잖아. 만났으면 얼굴 보면서 얘기를 해야지, 왜 휴대폰만 보고 있어? 난 오히려 SNS 때문에 사람들이 더 멀어지는 것 같아.

B 글쎄, 난 좀 다르게 생각하는데. 전에는 별로 안 친했는데 SNS로 사진을 공유하고 서로 댓글을 달면서 가까워진 친구도 있거든.

매력 appeal

Culture

한국의 인터넷 Korea's Internet

Easily and widely accessible high-speed wired and wireless internet is provided in Korea. In addition, free wi-fi service is not only provided on the subways or buses but also at public places, so many people can use the internet easily and conveniently anywhere at any time.

친구의 말을 듣고 다른 의견을 말해 보세요.
Listen to your friend and present a different opinion.

 다른 사람의 말에 대해 다른 의견을 말할 때
- 제 생각은 다른데요.
- 저는 좀 다르게 생각해요.
- 그건 좀 문제가 있다고 봐요.
- 그래도 이건 문제라고 생각해요.

 앞에 사람이 있는데 그 사람을 무시한 채 휴대폰만 보는 건 좀 문제라고 생각해.

 내 생각은 좀 다른데. ……

 그렇지만…….

 글쎄, 난 좀 다르게 생각해. ……

SNS의 장점
- 언제나 어디서나 누구하고나 대화할 수 있다.
-
-

SNS의 단점
- 사람들의 사이를 멀어지게 한다.
-
-

인터넷의 장점
- 쉽게 정보를 찾을 수 있다.
-
-

인터넷의 단점
- 잘못된 정보도 많다.
-
-

Grammar Points

N(이)나

'N(이)나' is used in conjunction with interrogative pronouns such as '누구, 어디, 언제, and 무엇' when expressing that none of the choices particularly matter. It can be 'all–' or 'every–' depending on the context. '무슨[어느/어떤] N(이)나' can also be used.

- 그 식당은 언제나 사람이 많다.
- 인터넷으로 어떤 물건이나 다 살 수 있어서 편리해요.

V-(으)ㄴ 채로

'-(으)ㄴ 채로' is used when expressing that the completed state of an action is maintained. It usually emphasizes that the action in the antecedent clause is uncommon or abnormal.

- 어두운 극장에서 선글라스를 쓴 채로 영화를 보는 사람이 있었어요.
- 동생이 밥도 먹지 않은 채 컴퓨터 게임만 하고 있다.

Listening & Speaking

1. 잘 듣고 질문에 답하세요.
Listen carefully and answer the questions.

SB Track 06

1) 여자는 왜 남자를 찾아왔습니까?
Why did the woman come to see the man?

_____

2) 들은 내용과 같으면 O, 다르면 X 하세요.
Mark O if the statement is true and X if it is false.

① 여자는 초등학교 선생님이다. (   )

② 여자는 한국에서 대학원에 가려고 한다. (   )

③ 여자는 케이크를 만들어다가 남자에게 주었다. (   )

2. 대학원에 지원하려고 합니다. 교수님께 추천서를 부탁드릴 때 어떻게 말씀드려야 할까요? 순서에 맞게 말해 보세요.

You are planning to apply to graduate school. What should you say when you ask your professor to write a letter of recommendation? Say it in the correct order.

A. 대학원에 지원하려면 교수님의 추천서가 필요해서요.

B. 교수님, 안녕하세요? 요즘도 많이 바쁘세요?

C. 저는 초등학교에서 아이들을 가르치고 있는데 아주 재미있어요.

D. 감사합니다, 교수님. 다음에 또 찾아뵐게요.

E. 다름이 아니라 부탁드릴 일이 좀 있어서 왔는데요.

추천서 letter of recommendation
찾아뵈다 to visit

(B) ➡ ( ) ➡ ( ) ➡ ( ) ➡ ( )

3. 예의를 갖추어 부탁해 보세요.

Politely ask for a favor.

개인 사정 때문에 과제를 마감 날짜까지 낼 수 없습니다. 교수님께 과제 마감 날짜를 며칠만 늦춰 달라고 부탁해 보세요.

개인 사정 때문에 휴가 날짜를 바꿔야 합니다. 직장 상사에게 휴가 날짜를 바꿔 달라고 부탁해 보세요.

개인 사정 personal reasons
마감 날짜 deadline
늦추다 to put off
직장 상사 workplace superior

Reading & Writing

1. 다음을 읽고 질문에 답하세요.
   Read the following passage and answer the questions.

김우빈 (wbkim1118)

다음 달부터 사무실에서 인터넷을 마음대로 쓸 수 없게 됐어요. 오늘 아침에 회사 임원 회의에서 일의 능률을 올리기 위해서 쇼핑, 주식, 게임 사이트를 차단하기로 했대요. 게다가 인터넷 메신저도 사용할 수 없게 됐고요. 아까 동생하고 통화하다가 이것에 대해 말했더니 너무 심하다고 하더라고요. 이렇게 인터넷 사용을 막으면 정말 일을 더 잘하게 될까요? 저는 그렇지 않을 거라고 생각하는데요. 여러분은 어떻게 생각하세요?

👍 찬성   👎 반대   조회 29   찬성 10   반대 10

↳ 칼리드 (khalid8282)

우빈 씨 회사는 좀 늦은 것 같네요. 다른 회사나 학교에서는 오래전부터 이렇게 하고 있어요. 열심히 일하는 사람들도 많지만 할 일을 잊은 채로 하루 종일 인터넷 쇼핑이나 주식을 하는 사람들도 있거든요. 이런 사람들을 보면 정말 짜증이 나요.

↳ 샤오메이 (mei1234)

저는 생각이 좀 다른데요. 인터넷 사용을 막아도 요즘은 어디에서나 스마트폰으로 무선 인터넷을 쓸 수 있잖아요. 일하기 싫어하는 사람들은 아무리 인터넷 사용을 막아도 다른 방법을 찾으려고 할 거예요.

임원 executive
능률 efficiency
주식 stock; share
차단하다 to block
찬성 agreement
조회(수) hits
무선 wireless

1) **다음 달부터 김우빈의 회사에서는 무엇이 달라질까요?**
What will change at Kim Woo-bin's company starting from next month?

_____

2) **칼리드와 샤오메이는 각각 어느 버튼을 눌렀을까요?**
Which button would Khalid and Xiaomei have pressed respectively?

2. 여러분은 김우빈의 글을 읽고 나서 어떤 댓글을 달고 싶습니까?
After reading Kim Woo-bin's post, what kind of comment would you like to post?

1) 메모해 보세요.
Take notes.

직장에서 일부 사이트의 차단이 필요하다	👍 찬성　　　👎 반대
이유	1. 2. 3.

2과 통신과 소통 Communication and Understanding   41

2) 메모를 보고 댓글을 달아 보세요.
Based on your notes, post a comment.

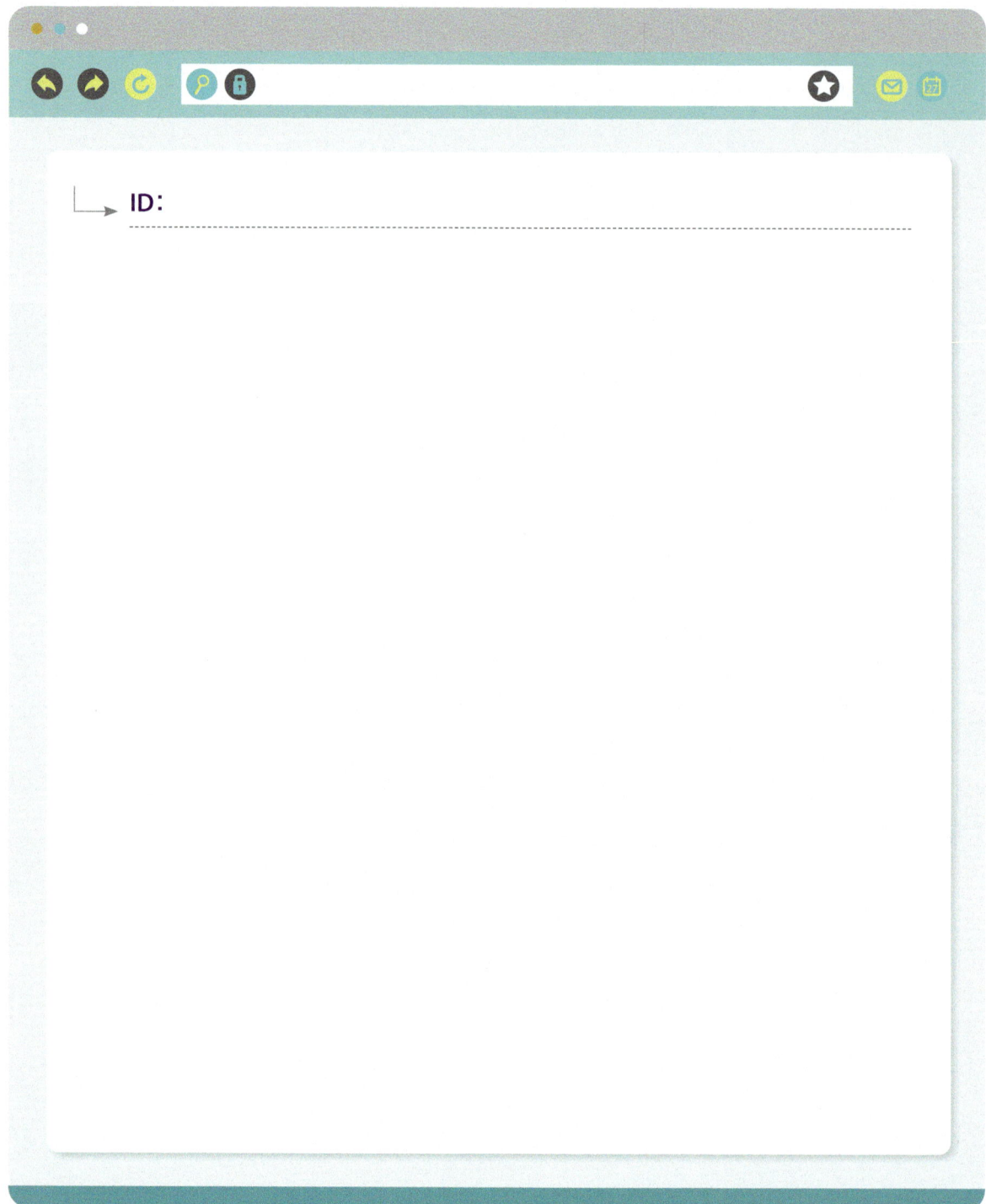

Conversation

❶

A　Hello?

B　So-yeong? Can you talk now?

A　Yes, Mark. It's fine. Go ahead.

B　How are you these days? Are you still very busy?

A　It's been crazy until last week, but now everything's all right.

B　Well, I called because I have a bit of a favor to ask you about my assignment.

A　Really? What is it?

B　My professor told me to rewrite my report since I just wrote it by looking only at sources I found on the internet. Yesterday, I found some material in the library and then rewrote my report, but if you happen to have some time, could you take a look at it?

A　Sure. That's not even that hard a task. Please attach the file to an email and send it to me.

B　Then please take a look and contact me later. You can just do it by next weekend.

A　Okay, got it.

A　Look at those two people over there. Since a while ago, they've only been looking at their cell phones without saying anything. I think it's a bit of a problem that they're ignoring each other like that while only looking at their cell phones.

B　I beg to differ. We don't even know if those two people over there are talking to each other right now on their cell phones.

A　They should be talking face to face since they met.

B　Let's say those two are having a conversation with people somewhere else through SNS or something. Isn't it the beauty of SNS that you can talk to anyone at any time and place?

A　If that's the case, then there's no need to meet in person like that. If they met, they should be talking face to face. Why're they just looking at their cell phones? It seems to me that people are growing more distant because of SNS.

B　Well, I think about it a bit differently. I also have friends I wasn't close with before, but by sharing pictures and leaving comments to each other through SNS, we became closer.

Vocabulary

(이메일을) 보내다 to send (an email)
(이메일을) 전송하다 to submit (an email)
(문자 메시지를) 지우다 to erase (a text message)
(문자 메시지를) 삭제하다 to delete (a text message)
(파일을) 첨부하다 to attach (a file)
(사진을) 올리다 to upload (a photo)
(파일을) 내려받다 to download (a file)
(사진을) 편집하다 to edit (a photo)
(사진을) 공유하다 to share (a photo)
(사진을) 공개하다 to make (a photo) public
(댓글을) 달다 to post (a comment)
(댓글을) 남기다 to leave (a comment)

의견을 나누다 to share an opinion
소통이 잘 되다 to have good communication
대화[말]가 통하다 to understand each other
의사소통이 원활하다 to have smooth communication
의견을 무시하다 to ignore an opinion
대화가 단절되다 to have a conversation cut-off
대화가 안 되다 to be unable to have a conversation with someone
의사소통이 안 되다 to be unable to communicate with someone

Grammar Review

1. V-았더니/었더니

A 생일에 찍은 사진을 블로그에 _____ 벌써 댓글이 열 개나 달렸네.
B 그래? 나도 좀 보여줘.

2. V-아다가/어다가

A 형, 내 컴퓨터가 고장 났는데 형 노트북 _____ 써도 돼?
B 그래, 잘 쓰고 _____ 놔.

3. N(이)나

A 떡볶이 만들기 쉬워요?
B 그럼요, 조리법만 알면 _____ 쉽게 만들 수 있어요.

4. V-(으)ㄴ 채로

A 눈이 좀 빨간데 혹시 울었어요?
B 아니요, 어제 공부하다가 렌즈를 _____ 잠이 들어서 그래요.

모범답안
1. 올렸더니
2. 털어다가, 갖다
3. 누구나
4. 낀 채로

3 남자와 여자
Men and Women

You will be able to
converse agreeably with someone.
compare and contrast.

Vocabulary

1. 다음은 사람의 성격을 알 수 있는 행동이나 태도에 대한 어휘와 표현입니다.
   여러분이 좋아하는 남자나 여자, 싫어하는 남자나 여자에 대해 말해 보세요.

   The following are words and phrases about activities or attitudes from which someone's personality can be inferred. Speak about a man or woman whom you like and about a man or woman whom you dislike.

생각이 깊다

자상하다   섬세하다

관대하다   눈치가 빠르다

단순하다   자존심이 강하다

눈치가 없다   발끈하다

고집이 세다   잘 삐치다

변덕이 심하다

2. 다음은 가정에서의 아내와 남편의 역할에 대한 어휘와 표현입니다.
   여러분의 가정은 어떤지 말해 보세요.
   The following are words and phrases about the role of the wife and husband in a family. Speak about what your family is like.

맞벌이 부부

가사와 육아를 분담하다

가사와 육아를 전담하다

전업 주부   　　　　　　　　　　　가사 전업 남성

내조   　　　　　　　　　　　　　　외조

Conversation 1

A 진수 씨 때문에 너무 답답해.

B 왜? 무슨 일 있었니?

A 며칠 전에 마음에 드는 스카프가 있어서 일부러 예쁘다고 하면서 들었다 놨다 했거든. 근데 선물로 향수를 사왔더라고. 왜 그렇게 눈치가 없는지 모르겠어.

B 맞아. 남자들은 구체적으로 얘기 안 해 주면 모르더라. 그래도 진수 씨는 네가 얘기만 하면 다 들어주잖아.

A 하긴 그건 그렇지.

B 거봐. 다 생각하기 나름이야. 진수 씨 같은 남자도 없어.

A 그래도 네 남편은 눈치가 빠르지 않니?

B 눈치가 빨라? 눈치가 빠르기는커녕 얘기해 줘도 몰라. 내 입만 아파.

A 설마.

B 그렇다니까.

들다 to pick up
향수 perfume
구체적이다 to be specific
들어주다 to listen to someone
하긴 as a matter of fact
거봐 see; I told you
입만 아프다 to waste one's breath
설마 no way

Culture: ~니? vs ~냐?

Interrogative sentences with endings '-니' are used mostly in the case that the listener is a woman or child; those with endings '-냐' tend to be used when the listener is an adult male. The ending '-냐' in particular tends to be used mostly in conversations between men. Lately, however, the line between masculine and feminine language is blurring, and so, the Korean language is becoming neutralized.

○ **친구의 이야기에 맞장구를 쳐 보세요.**
Agree with what your friend says.

 내 남자 친구는 왜 그렇게 눈치가 없는지 모르겠어.

 맞아. 남자들은 얘기 안 해 주면 모르더라. 그래도 네가 얘기하는 건 다 들어주잖아.

 하긴 그건 그렇지. 네 남편은 눈치가 빠르지?

 눈치가 빨라? 눈치가 빠르기는커녕 얘기해 줘도 몰라.

 설마.

 그렇다니까.

| 여자 친구가 바라는 게 뭔지 모르겠다. 말한 대로 해도 화를 낸다. 정말 이해가 안 된다. | 우리 하숙집 주인아주머니는 나의 개인적인 일에 관심이 너무 많은 것 같다. 정말 이해가 안 된다. | |

Grammar Points

A/V-기는커녕, N은/는커녕

'-기는커녕' is used when expressing that even a situation easier than the former, which is clearly impossible or difficult, is hard to achieve.

- 주말에 쉬기는커녕 잠도 못 자고 일만 했어요.
- 고맙다는 말은커녕 인사도 안 하고 가네.

V-기 나름이다

'-기 나름이다' is used when expressing that a situation or result of an action can be different depending on the action.

- 모든 일은 노력하기 나름이다.
- 무엇이든지 네가 선택하기 나름이야.

Conversation 2

A 저, 오늘 한 시간 일찍 퇴근해도 될까요?

B 무슨 일 있나?

A 어린이집에서 딸아이를 데려 와야 하거든요. 아내가 좀 바빠서요.

B 그런가? 요즘은 예전에 비해서 일하는 엄마들이 참 많아. 이 대리도 맞벌이하면서 아이 키우느라 힘들겠어.

A 네, 그렇긴 하지만 힘든 반면에 좋은 점도 있습니다. 아내도 일을 하니까 서로 더 잘 이해하게 되고 저축도 많이 할 수 있어서 좋더라고요.

B 그건 그렇지. 그럼 일 마무리 잘 하고 퇴근하게.

A 네, 알겠습니다. 감사합니다.

어린이집 daycare center
딸아이 daughter
마무리하다 to finish; to wrap-up

Culture

상황에 따른 직장 상사의 말투 Workplace Superiors' Idiolects in Different Situations

In many cases, superiors use informal language, '반말,' when they talk to their subordinates in the workplace, but depending on the person, some will mix '반말' with '-하게.' However, regardless of one's position, formal language, '높임말,' is used in formal occasions such as presentations or meetings.

다음 그림을 보고 비교해 보세요.
Look at the following pictures and make comparisons.

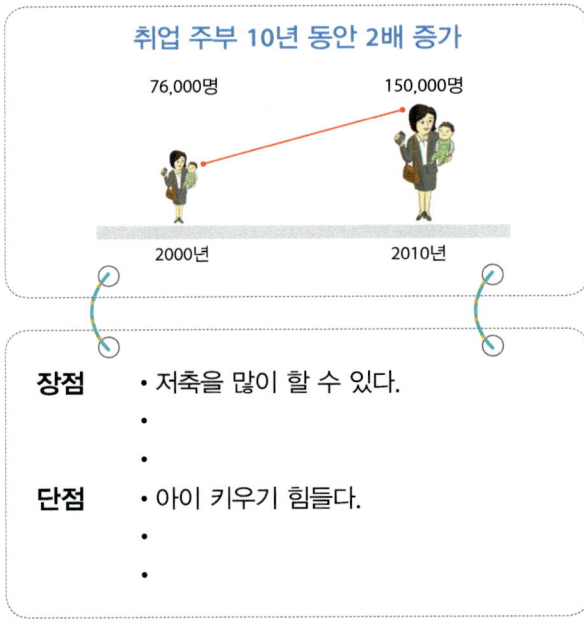

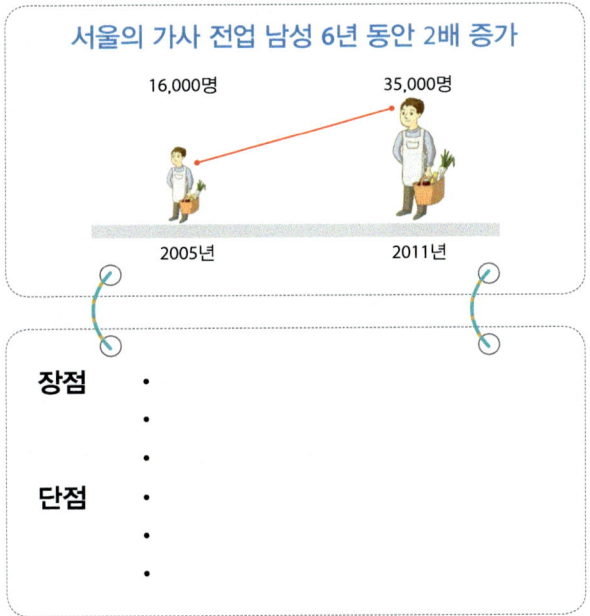

Grammar Points

N에 비해서

'N에 비해서' is used when expressing that when a judgment is based on a comparison with the preceding noun, the result is similar to what follows.
- 이 상품은 가격에 비해서 품질이 좋아요.
- 나는 동생에 비해 공부를 못하는 편이다.

A-(으)ㄴ 반면에, V-는 반면에

'-(으)ㄴ 반면에' is used when expressing that the latter content is contrary to that of the former.
- 지하철은 빠른 반면에 사람이 너무 많아서 불편하다.
- 저는 고기를 좋아하는 반면 언니는 전혀 안 먹어요.

Listening & Speaking

1. 잘 듣고 질문에 답하세요.
Listen carefully and answer the questions.

SB Track 09

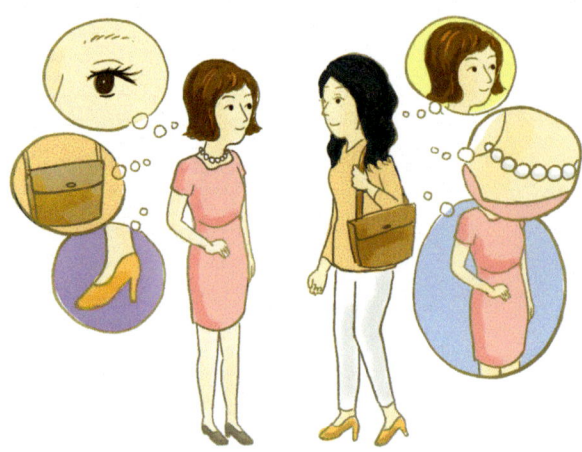

1) 다음 그림에서 남자는 어떻게 대답했을까요? 쓰세요.
How would the man have answered in the following picture? Write the answer.

뭐 하는 사람이니? 잘생겼니?

나 어제 소개팅 했어.

만난 지 얼마나 됐어? 나이는?

나 애인 생겼어.

2) 남자가 생각하는 여자들의 성격으로 맞으면 O, 다르면 X 하세요.
Mark O if the trait corresponds with what the man considers to be the personality of women and X if it does not.

일관성(이) 있다 to be consistent

① 복잡하다 (   )   ② 섬세하다 (   )   ③ 일관성이 있다 (   )

52   I Love Korean 6

2. 친구와 이야기해 보세요.
Talk with your partner.

1) 여러분 나라에서는 보통 어떻게 생각하는지 표시해 보세요.
Mark what people generally think about men and women in your country.

남자☐ 여자☐ 모두☐	남자☐ 여자☐ 모두☐	남자☐ 여자☐ 모두☐
축구하는 것을 좋아한다.	요리를 잘한다.	물건이 고장 났을 때 잘 고친다.
뜨개질을 잘한다.	운전을 잘한다.	길을 잘 찾는다.
쇼핑하는 것을 좋아한다.	커피숍에서 이야기하는 것을 좋아한다.	화장을 한다.
데이트할 때 돈을 낸다.	외모에 관심이 많다.	?

뜨개질 knitting
외모 appearance

2) 여러분 나라에서는 남자와 여자의 차이에 대한 생각이 어떻게 다른지 이야기해 보세요.
Talk about how the thoughts on the differences between men and women are different in your country.

3과 남자와 여자 Men and Women

Reading & Writing

1. 다음을 읽고 질문에 답하세요.
Read the following passage and answer the questions.

전래 동화 콩쥐팥쥐

옛날 어느 마을에 착하고 예쁜 콩쥐라는 아이가 살았다. 콩쥐의 엄마가 돌아가신 후 콩쥐는 새엄마와 동생 팥쥐를 맞게 되었다. 콩쥐는 새엄마와 동생이 생겨서 기뻤지만 새엄마는 콩쥐를 예뻐하기는커녕 힘든 집안일을 시키면서 콩쥐를 괴롭혔다. 콩쥐의 아빠는 집안일과 자녀 교육에는 전혀 관심이 없는 사람이었고 새엄마가 콩쥐의 아빠 앞에서는 콩쥐에게 잘해 주었기 때문에 콩쥐가 새엄마에게 괴롭힘을 당하고 있다는 것을 전혀 눈치채지 못했다. 착한 콩쥐는 너무 슬펐지만 아빠가 걱정하실까 봐 새엄마에 대한 이야기를 할 수 없었다.

어느 날 새엄마는 콩쥐에게 많은 일을 시켜 놓고 팥쥐와 함께 잔칫집에 갔다. 콩쥐가 혼자 힘들게 일을 하고 있는데 하늘에서 선녀가 내려와 콩쥐에게 예쁜 옷을 입혀 주고 꽃신을 신겨 주며 잔칫집에 다녀오라고 했다. 신이 난 콩쥐는 잔칫집으로 급하게 뛰어가다가 꽃신 한 짝을 강물에 빠뜨렸다. 그때 그곳을 지나가던 그 마을의 원님이 콩쥐를 보고 첫눈에 반해 콩쥐를 불렀지만 신발 한 짝을 잃은 콩쥐는 당황해하며 집으로 뛰어갔다.

그 후 원님은 꽃신 한 짝의 주인을 찾기 위해 마을을 돌아다녔다. 많은 여자들이 꽃신을 보고 자기의 것이라고 했지만 신발이 맞는 사람은 아무도 없었다. 이번에는 콩쥐가 신어 볼 차례였다. 꽃신은 콩쥐에게 아주 딱 맞았고 콩쥐를 찾은 원님은 매우 기뻐했다. 그 후 콩쥐는 원님의 아내가 되어 행복하게 잘 살았다고 한다.

전래 동화 folk tale
맞다 to take in (someone as family)
괴롭히다 to bully
눈치채다 to sense
잔칫집 banquet hall
선녀 fairy
원님 magistrate
첫눈에 반하다 to fall in love at first sight
차례 turn

1) 글의 내용에 맞게 그림을 배열하세요.
Arrange the pictures to match the passage above.

( ) — (　　　) — (　　　) — (　　　)

2. 〈전래 동화 콩쥐팥쥐〉를 〈현대판 콩쥐팥쥐〉로 바꾸어 써 보세요.
   Rewrite <Folk-Tale Kongjwi and Patjwi> as <Modern-Day Kongjwi and Patjwi>.

   1) 〈콩쥐팥쥐〉에 나오는 다음 인물들은 어떤 성격의 인물입니까?
      What kind of personalities do the following characters in <Kongjwi and Patjwi> have?

      콩쥐 아빠
      • 가사와 육아에 관심이 없음.
      • _____
      • _____

      콩쥐
      • _____
      • _____
      • _____

   2) 〈콩쥐팥쥐〉에 나오는 등장인물들의 성격을 현대에 맞게 바꿔 보세요.
      Change the personalities of the characters in <Kongjwi and Patjwi> to correspond with modern times.

      콩쥐 아빠
      • _____
      • _____
      • _____

      콩쥐
      • _____
      • _____
      • _____

3) 현대에 맞게 바꾼 인물들 중 한 명을 주인공으로 하여 〈현대판 콩쥐팥쥐〉를 써 보세요.
 Among the characters you changed to correspond with modern times, make one of them the main character and write <Modern-Day Kongjwi and Patjwi>.

❶

A I feel so frustrated because of Jin-su.
B Why? Did something happen?
A A few days ago, there was a scarf I liked, so I kept picking it up and putting it down on purpose saying it's pretty. But then he bought me perfume as a gift. I don't know why he doesn't catch on.
B I know. When it comes to men, if you don't spell it out for them, they just don't get it. But with Jin-su, if you just tell him something, he listens to everything you say.
A Well, that's true.
B See? It all depends on how you think about it. There's no other man like Jin-su.
A Even so, doesn't your husband catch on quickly?
B Catch on quickly? As if he catches on quickly! He doesn't even get it if I say it to his face. I just waste my breath.
A No way.
B That's what I'm telling you.

❷

A Uh, may I leave an hour early today?
B Is something wrong?
A I need to pick up my daughter from daycare. It's because my wife is a little bit busy.
B Really? Compared to before, there're quite a few working mothers these days. It must be hard for you to raise your child as a working couple.
A Yes, that may be so, but while it's hard, there are good points too. Since my wife also works, it's nice that we've come to understand each other better now and save a lot of money.
B That's true. Then, finish up what you're doing and you may leave.
A Yes, I will. Thank you.

Vocabulary

생각이 깊다 to be pensive
섬세하다 to be delicate
눈치가 빠르다 to be tactful
자존심이 강하다 to be proud
발끈하다 to fly into a rage
잘 삐치다 to sulk easily
변덕이 심하다 to be extremely fickle
고집이 세다 to be stubborn
눈치가 없다 to be tactless
단순하다 to be simple

관대하다 to be understanding
자상하다 to be thoughtful
맞벌이 부부 working couple
가사와 육아를 분담하다 to divide housework and childcare
가사와 육아를 전담하다 to take full charge of housework and childcare
전업 주부 housewife; stay-at-home mom
내조 support of wife
가사 전업 남성 househusband; stay-at-home dad
외조 support of husband

Grammar Review

1. A/V-기는커녕, N은/는커녕

A 제주도 여행은 재미있었어요?
B _____ 고생만 했어요.

2. V-기 나름이다

A 우리 집은 너무 좁아서 답답해.
B 좁으면 청소하기 편하잖아. 다 _____ .

3. N에 비해서

A 이번 시험 정말 어려웠지?
B 응, 지난 _____ 훨씬 어려웠어.

4. A-(으)ㄴ 반면에, V-는 반면에

A 영화표를 예매해야 될까요?
B 주말에는 사람이 _____ 평일에는 별로 없으니까 그냥 가도 될 거예요.

모범답안
1. 재미있기는커녕
2. 생각하기 나름이야
3. 시험에 비해서
4. 많은 반면에

4 개인과 공동체
Individuals and Communities

You will be able to

courteously ask for someone's understanding.

politely object to something.

Vocabulary

1. 다음은 주거에 관련된 어휘입니다. 여러분의 집은 어떤지 말해 보세요.
The following are words related to housing. Speak about what your house is like.

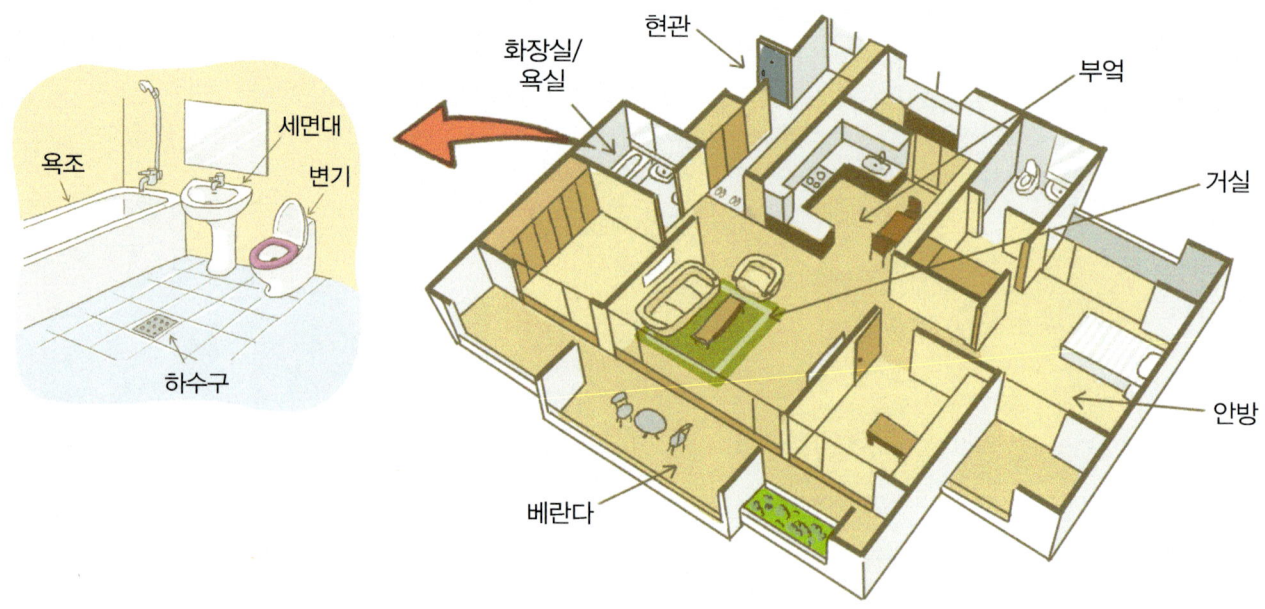

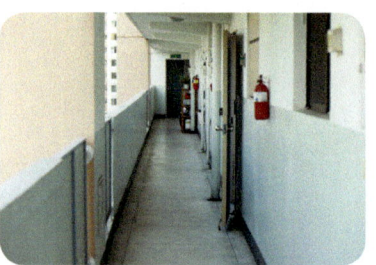 복도

 엘리베이터

 계단

 주차장

 관리 사무소

 경비실

2. 다음은 공동 주택에서 생길 수 있는 문제에 대한 표현입니다.
어떤 문제가 생길 수 있는지 말해 보세요.
The following are phrases about problems that can occur in apartment housing. Speak about what kind of problems can occur.

Conversation 1

A 안녕하세요? 위층에 새로 이사 온 사람인데요. 떡 좀 드시라고 가져왔어요.

B 이사 오셨어요? 잘 먹겠습니다. 고맙습니다.

A 그리고 제가 미리 양해를 좀 구해야 될 일이 있는데요.

B 네. 무슨 일이신데요?

A 저희 집에 다섯 살짜리 아이가 있거든요. 물론 뛰지 않게 주의를 주겠지만 그래도 좀 시끄러울지도 모르겠어요. 죄송합니다.

B 아, 그래요?

A 낮에는 유치원에 가고요, 밤에는 9시 전에 자니까 오후 몇 시간 동안 좀 시끄러울 수도 있을 거예요. 그때 좀 시끄럽더라도 양해해 주세요.

B 그럼요. 뛰지 않는 아이가 있나요? 늦은 밤도 아니고 그 시간에는 괜찮습니다.

A 이해해 주셔서 정말 감사합니다.

양해 understanding
구하다 to ask (a favor)
주의(를) 주다 to make someone be careful

Culture

떡 드세요 Please Have Some Rice Cakes

When moving into a new home, it is customary to prepare rice cakes, visit each and every neighbor, and introduce oneself while offering the rice cakes. Lately, however, as apartment complexes are increasing, people who go around giving rice cakes are disappearing. It is only after a wedding celebration or a child's first birthday party that the custom of handing out rice cakes remains. Rice cakes are given out to coworkers and those around to express one's gratitude for receiving congratulations.

◯ **이웃에게 양해를 구해 보세요.**
Ask for your neighbor's understanding.

 제가 양해를 좀 구해야 될 일이 있는데요.

 무슨 일이신데요?

 저희 아이 때문에 좀 시끄러울지도 모르겠어요. 죄송합니다.

 아, 그래요?

 좀 시끄럽더라도 양해해 주세요.

 그럼요…….

| 집들이를 한다. | 화장실 공사를 한다. |
| 오디션 준비를 한다. | ? |

Grammar Points

A/V-(으)ㄹ지도 모르다

'-(으)ㄹ지도 모르다' is used when forming a conjecture that a situation may still arise although the possibility of it occurring is slim.

- 에어컨이 없어서 방이 좀 더울지도 몰라.
- 내년에 미국에 갈지도 모르겠어요.

A/V-더라도

'-더라도' is used when expressing that the situation in the subsequent clause occurs regardless of the situation or fact in the antecedent clause.

- 힘들더라도 오늘까지는 이 일을 다 끝내야 돼요.
- 사람들이 다 오지 않더라도 버스는 9시에 출발합니다.

Conversation 2

A 안녕하세요? 저 아래층에 사는 사람인데요.

B 네. 안녕하세요?

A 말씀드릴 게 있어서 왔는데 잠시 시간 괜찮으세요?

B 네, 말씀하세요.

A 저희 집 부엌 천장이 많이 젖어 있더라고요. 아래층 천장이 젖는 이유는 위층에서 물이 새서 그렇다던데요. 이 댁 온수관이 터진 것 같아요.

B 그럴 리가 없는데요. 아무 문제도 없었어요. 천장이 많이 젖었나요?

A 네, 도배를 새로 해야 될 정도예요.

B 그래요?

A 나중에 더 큰 문제가 생길 수도 있으니까 확인해 보시는 게 어떠세요?

B 네, 그럼 확인해 볼게요. 그리고 저희 집에서 물이 새서 생긴 문제라면 도배도 새로 해 드릴게요.

온수관 hot water pipes
터지다 to burst
도배 wallpapering

Culture

온돌과 온수관 Ondol and Hot Water Pipes

'온돌' is a heating system inherent to Korea, which uses a fire from a fireplace to heat up the stone slabs underneath the floor. Although recently, the stone slabs have been replaced by hot water pipes, and the fireplace has been replaced by the boiler, Koreans continue to follow this traditional heating method.

다음과 같이 이야기해 보세요.
Practice the conversation as follows.

😟 말씀드릴 게 있어서 왔는데 잠시 시간 괜찮으세요?

🙂 네. 말씀하세요.

😟 저희 집 천장이 젖었어요. 이 집 온수관이 터진 것 같아요.

😟 그럴 리가 없는데요. 많이 젖었어요?

😟 도배를 새로 해야 할 정도예요.

😟 ……

Grammar Points

A/V-(으)ㄹ 정도

'-(으)ㄹ 정도' is used when emphasizing the potential degree of any state or situation.
- 악취가 심해서 머리가 아플 정도야.
- 비가 많이 와서 앞이 안 보일 정도예요.

A/V-(으)ㄹ 리가 없다

'-(으)ㄹ 리가 없다' is used when expressing the improbability of a situation or the speaker's strong suspicion about an unbelievable situation.
- 이번 시험이 쉬울 리가 없어.
- 그 사람이 나를 좋아할 리가 없어요.

Listening & Speaking

1. 잘 듣고 질문에 답하세요.
Listen carefully and answer the questions.

 1) 여자는 왜 남자에게 전화했습니까?
Why did the woman call the man?

①  ②

③ ④

2) 들은 내용과 같으면 O, 다르면 X 하세요.
Mark O if the statement is true and X if it is false.

① 여자는 지난주 금요일에 남자에게 전화를 했다. (   )

② 남자가 여자의 집에 도착했을 때 여자는 집에 없었다. (   )

③ 남자는 내일 저녁 8시쯤에 여자에게 다시 전화할 것이다. (   )

2. 기숙사나 공동 주택에 살아 본 적이 있습니까? 공동 주택에 살면서 어떤 경험을 한 적이 있습니까? 고장이나 이웃 때문에 불편을 겪은 적이 있습니까?

Have you ever lived in an apartment or a dormitory? What kind of experiences have you had while living in an apartment? Have you ever been inconvenienced because of damages or neighbors?

3. 주인에게 수리를 요청하는 전화를 해 보세요.

Call your landlord to ask for repairs.

견디다 to stand ; to endure

Reading & Writing

1. 다음을 읽고 질문에 답하세요.
Read the following passage and answer the questions.

층간 소음, 이제는 직접 찾아가서 말 못한다

앞으로 층간 소음 문제로 방문 항의를 할 수 없게 된다. 법원은 층간 소음이 생기더라도 직접 집으로 찾아가서 항의하는 것은 안 된다는 판결을 내렸다. 또 층간 소음으로 문제가 생기는 경우에는 전화나 문자 메시지를 통한 항의만 가능하다고 했다.

서울의 한 아파트에 사는 박 씨는 소음을 내지 않으려고 많은 노력을 했지만 매번 항의하는 아래층 김 씨 때문에 괴로워했다. 그래서 박 씨는 초인종 누르기, 현관문 두드리기, 전화와 문자 메시지 항의, 천장 두드리기 등, 김 씨가 지나치게 항의하는 것을 막아 달라고 법원에 요청했다. 하지만 아래층 김 씨는 소음에 대해 정당한 항의를 한 것이라고 주장했다.

이에 대해 법원은 층간 소음 방문 항의 금지를 판결했다. 법원은 "김 씨가 박 씨의 집에 찾아가거나 초인종을 누르는 것, 현관문을 두드리는 것은 안 된다."고 했지만 "문자 메시지나 전화로 항의하는 것, 소음이 날 때 천장을 두드리는 것은 할 수 있다."고 했다.

네티즌 의견 총 652개

mu_s**
얼굴을 보고 대화를 해야 오해 없이 문제를 해결할 수 있지 않을까요? 전 모르는 이웃과 전화나 문자 메시지로 의사소통을 하는 건 좋은 방법이 아니라고 생각합니다. 이번 판결대로라면 이제부터 위층에 찾아가면 안 된다는 건데요. 전 오히려 직접 찾아가서 양해를 구하고 서로 대화를 하면서 문제를 해결해야 한다고 생각합니다. 사실 저도 몇 달 전까지 위층 소음 때문에 이사를 가고 싶을 정도로 괴로웠지만 직접 만나서 대화를 하면서 문제를 해결했습니다. 그리고 그 일 덕분에 윗집에 사는 분들을 알게 되어 지금은 친한 이웃이 되었고 이젠 윗집에서도 소음이 날까 봐 더 조심하고 저 역시 소음 때문에 괴롭지 않습니다. 결국 층간 소음 문제를 해결할 수 있는 가장 좋은 방법은 서로에 대한 이해와 배려인데 이런 것들이 문자 메시지나 전화만으로 생길 수 있을까요?

댓글 0   찬성 8   반대 1

층간 소음 noise between floors
법원 court
매번 every time
초인종 doorbell
두드리다 to knock
지나치다 to be excessive
요청하다 to request
정당하다 to be fair
주장하다 to assert
금지 prohibition
찾아가다 to visit

1) 무엇에 대한 기사입니까?
What is the news article about?

_____

2) 공동 주택에서 층간 소음이 생길 경우 해도 되는 일을 모두 고르세요.
Choose all the actions you can take when you have noise issues in the apartment.

①

②

③

④

2. 층간 소음 문제를 어떻게 해결해야 할까요?
How should you handle the noise issue?

1) 여러분이라면 어떻게 판결을 내리겠습니까? 그 이유는 무엇입니까?
If it were you, how would you judge the situation? What is the reason?

나의 판결	그 이유
• 천장을 두드려도 (된다 / 안 된다). • 위층에 전화를 해도 (된다 / 안 된다). • 위층에 직접 찾아가도 (된다 / 안 된다). • 위층에 문자 메시지를 보내도 (된다 / 안 된다). • 위층에 찾아가 현관문을 두드려도 (된다 / 안 된다).	

2) 이 기사에 대한 의견을 달아 보세요.
Write your opinion of the news article.

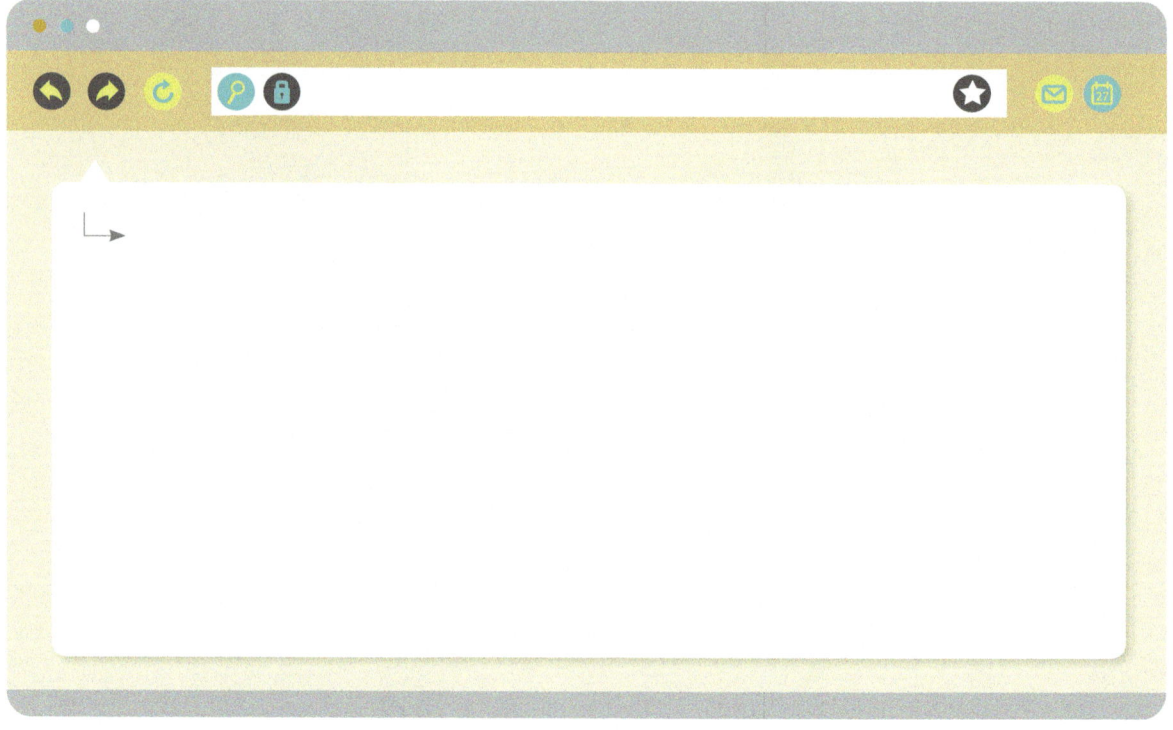

Conversation

❶

A Hello. I moved in upstairs. I brought some rice cakes for you.

B You moved in? I'll enjoy the rice cakes. Thank you.

A Also, I'd like to ask for your understanding on something in advance.

B Yes. What is it?

A We have a five-year-old child. Of course we'll tell him to be careful not to run around, but even so, he might still be a little loud. I'm sorry.

B Oh, really?

A He goes to kindergarten during the day, and he sleeps before nine at night, so it could be a bit noisy for a few hours in the afternoon. Even though it may be a little loud during then, please be understanding.

B Sure. Is there any child that doesn't jump around? It should be fine at that time, since it wouldn't even be late at night.

A Thank you so much for understanding.

❷

A Hello. I'm from downstairs.

B Yes. Hello.

A I came because there's something I'd like to speak to you about. Do you have a moment?

B Yes. Go ahead.

A I found our kitchen ceiling to be quite wet. I've been told the reason the ceiling downstairs is wet is that water is leaking from upstairs.

B I don't see how that could be. There haven't been any problems. Is your ceiling really wet?

A Yes. So much that we'll need to redo the wallpaper.

B Really?

A Since there could be an even bigger problem later, would you mind checking?

B Okay, I'll check then. And if the problem is from water leaking in our apartment, then I'll take care of the wallpaper for you.

Vocabulary

현관 front door	계단 stairs
안방 main bedroom	엘리베이터 elevator
부엌 kitchen	주차장 parking lot
거실 living room	관리 사무소 management office
베란다 veranda	경비실 security office
화장실 restroom	소음이 심하다 to have so much noise
욕실 bathroom	천장이 울리다 to have the ceiling shake
욕조 bathtub	물이 새다 to have water leak
세면대 bathroom sink	담배 연기가 올라오다 to have a cigarette smoke come up
하수구 drain	먼지가 나다 to be dusty
변기 toilet	냄새가 나다 to smell
복도 hallway	

Grammar Review

1. A/V-(으)ㄹ지도 모르다

A 오늘 노래 연습을 해야 해서 좀 _____. 미안해.
B 그래? 그럼 난 도서관에 가서 공부할게.

2. A/V-더라도

A 제가 좀 늦을 것 같은데 어떡하죠?
B _____ 꼭 오세요!

3. A/V-(으)ㄹ 정도

A 윗집이 그렇게 시끄러워요?
B 네, 너무 시끄러워서 _____.

4. A/V-(으)ㄹ 리가 없다

A 우빈이는 안 간대.
B 정말? 이상하다. _____.

모범답안
1. 시끄러울지도 모르겠어
2. 늦더라도
3. 잠을 못 잘 정도예요
4. 안 갈 리가 없는데……

5 취업과 직장
Jobs and Workplaces

You will be able to
seek and give advice.
negotiate working conditions.

Vocabulary

1. 다음은 취업할 때 고려하는 것에 대한 어휘와 표현입니다.
   여러분은 취업할 때 무엇을 가장 먼저 고려합니까?

   The following are words and phrases about what to consider when getting a job. What do you consider first when getting a job?

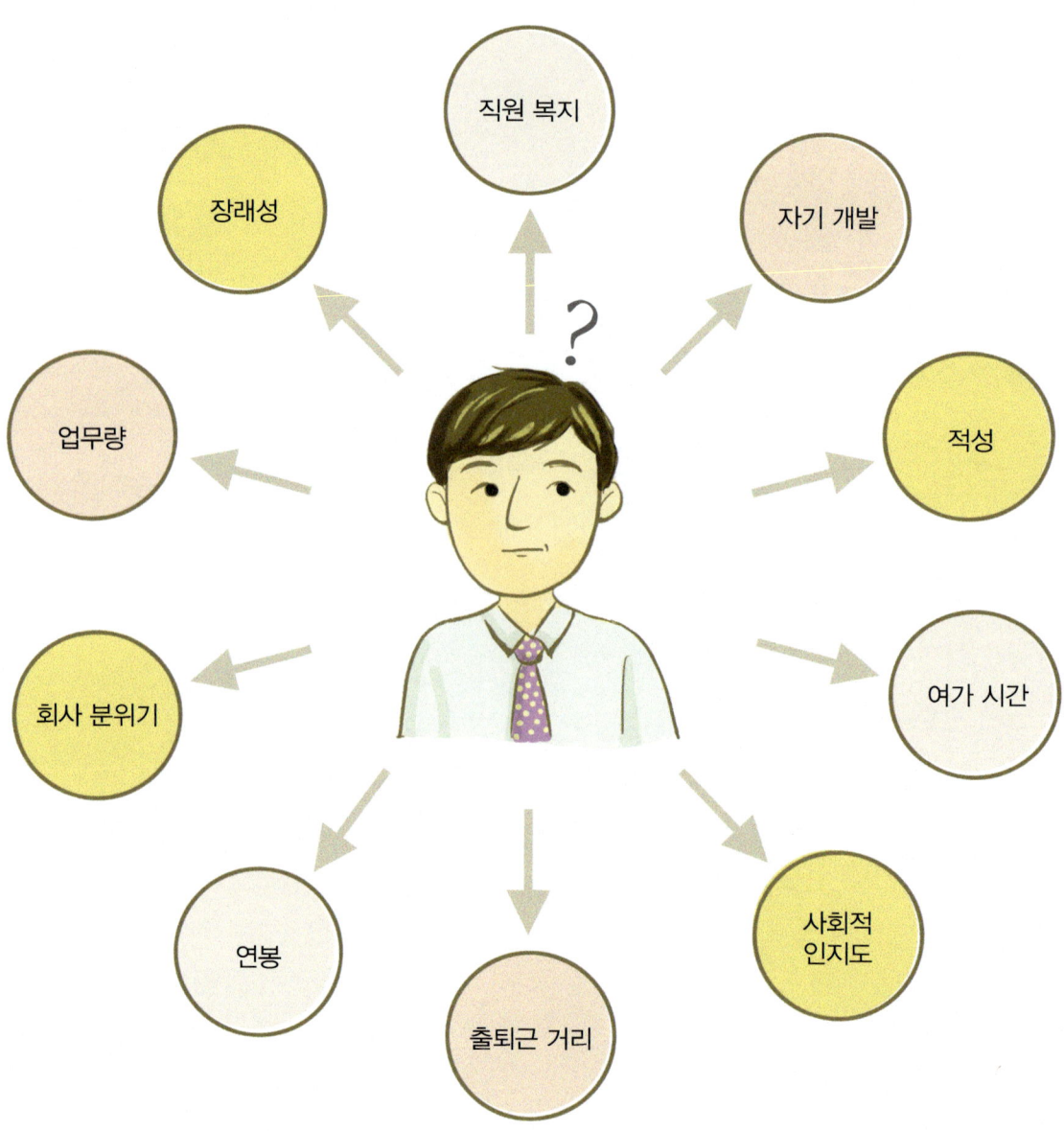

2. 다음은 직장 생활과 관련된 어휘입니다. 그림을 보면서 여러분이 경험한 직장 생활이나 바라는 직장 생활에 대해서 이야기해 보세요.

The following are words related to life at work. Talk about life at work that you experienced or your desired life at work while looking at the picture.

입사하다

퇴사하다

외근하다

야근하다

휴직하다

이직하다

퇴직하다

Conversation 1

A 마크, 학원에서 영어 가르치는 거 재미있어?

B 응, 좀 힘들지만 가르치는 일이 적성에 맞아서 재미있어. 그런데 왜?

A 실은 나도 영어 가르치는 일을 해 볼까 생각 중이거든.

B 그래? 일자리는 좀 알아봤어?

A 응, 마침 원어민 선생님을 구하는 학원하고 초등학교가 있어서 알아봤는데 월급은 비슷한 것 같아. 학원이 좋을까, 초등학교가 좋을까?

B 글쎄, 초등학생들은 어려서 가르치기 힘들 테니까 학원이 낫지 않을까 싶어.

A 그래? 그럼 학원은 어떤데?

B 새벽 수업을 해야 되니까 좀 힘든 면은 있어. 하지만 수업이 없을 때는 내가 하고 싶은 일을 할 수 있으니까 좋아.

A 그렇구나. 나도 하루 종일 사무실에 있는 건 싫은데. 아무튼 좀 더 생각해 볼게.

B 그래, 잘 생각해 보고 결정해.

일자리 work; job
마침 just in time
원어민 native speaker
낫다 to be better

Culture

사설 학원 Private Institutes

There are many private institutes that are founded for various reasons being operated in Korea. Preparatory schools and foreign language schools for high school or university entrance examinations are the majority, and centers that provide vocational education for employment and recreational education for leisure activity are becoming prevalent. Recently, a variety of unusual institutes continue to emerge, such as singing schools for correcting tone-deafness, dialect correction schools, magic schools, wallpapering schools, and food cart cooking schools.

○ **다음과 같이 조언을 구하고 조언해 보세요.**
Seek and give advice as follows.

 영어 가르치는 일을 해 볼까 하는데 학원이 좋을까, 초등학교가 좋을까?

 글쎄, 학원이 낫지 않을까 싶어.

 그래? 그럼 학원은 어떤데?

 좀 힘든 면은 있어. 하지만…….

대학교를 졸업한다.

회사 일이 적성에 안 맞는다.

이사를 하려고 한다.

원룸 studio apartment

Grammar Points

A/V-지 않을까 싶다

'-지 않을까 싶다' is used when euphemistically expressing the speaker's thoughts or opinions.

- 버스보다 기차가 더 빠르지 않을까 싶어요.
- 오늘도 야근해야 하지 않을까 싶네요.

A-(으)ㄴ 면이 있다, V-는 면이 있다

'-(으)ㄴ 면이 있다' is used when expressing that the mentioned subject has a certain aspect or characteristic among many.

- 이 문법은 좀 설명하기 애매한 면이 있다.
- 그 사건에 대해서 네가 모르는 면이 있어.

Conversation 2

A 희망하시는 연봉이 저희 회사 규정보다 500만 원 정도 높은데요. 전에 다니시던 곳에서는 얼마를 받으셨습니까?

B 사실 저는 한국에서 근무한 경험이 없습니다. 그래서 제 기대가 좀 컸을지도 모르겠습니다. 그런데 회사에서 숙소를 제공해 주신다는 얘기를 들었는데요.

A 네, 그렇습니다. 저희 회사 근처에 있는 오피스텔을 제공해 드리고 있습니다.

B 그렇다면 저는 제 오피스텔이 있으니까 숙소를 사용하지 않는 대신 제가 희망한 연봉을 받았으면 합니다.

A 규정보다 더 드리는 것은 어렵겠는데요.

B 그렇다면 연봉은 규정을 따르겠습니다. 그 대신 연말에 2주 정도 휴가를 낼 수 있었으면 합니다.

A 지금은 좀 곤란하지만 근무 연차가 쌓이다 보면 휴가 기간도 늘어나게 될 겁니다.

희망하다 to hope
규정 provisions
숙소 lodging
오피스텔 multi-purpose studio apartment
휴가를 내다 to take a vacation
곤란하다 to be difficult
근무 연차 years of work
늘어나다 to increase

Culture

휴가철 Vacation Season

Koreans usually go on vacation from mid-July to mid-August. Therefore, this period is called '휴가철 (vacation season).' During this time, airfare, accommodation costs, car rental fees and all other vacation-related expenses are higher than other times, and in many cases, it is difficult to use such services unless reservations are made several months in advance.

○ **다음과 같이 조건을 말하고 협상해 보세요.**
Say your qualifications and negotiate as follows.

 희망하시는 연봉이 저희 회사 규정보다 좀 높은데요.

 저는 숙소를 사용하지 않는 대신 제가 희망한 연봉을 받았으면 합니다.

 규정보다 더 드리는 것은 어렵겠는데요.

 그렇다면 연말에 2주 정도 휴가를 낼 수 있었으면 합니다.

일하고 있는 학원에서 재계약을 하려고 합니다. 작년에 수강생이 100명 늘었습니다.	회사에서 연봉 협상을 하려고 합니다. 이 회사에서 근무한 지 5년이 되었습니다.
지방에 있는 회사의 제의를 받아서 이직하려고 합니다. 숙소가 필요합니다.	?

재계약(을) 하다 to renew a contract
수강생 student
협상(을) 하다 to negotiate
제의 suggestion

Grammar Points

A/V-았으면/었으면 하다

'-았으면/었으면 하다' is used when expressing the speaker's strong hope or wish for an event.
- 올해는 우리 가족 모두 건강했으면 해요.
- 지난 방학 때 제주도에 갔으면 했지만 시간이 없어서 못 갔다.

V-다 보면

'-다 보면' is used when expressing that if the subject continues an action such as the one in the antecedent clause, a result such as the one in the subsequent clause will arise.
- 지금은 한국 생활이 힘들겠지만 살다 보면 익숙해질 거야.
- 규칙적으로 운동을 하다 보면 건강도 좋아지고 살도 빠질 것이다.

Listening & Speaking

1. 잘 듣고 질문에 답하세요.
Listen carefully and answer the questions.

SB Track 15

1) 여자는 공부를 마치고 나서 무엇을 하고 싶어 합니까?
What does the woman want to do after she completes her studies?

_____

2) 들은 내용과 같으면 O, 다르면 X 하세요.
Mark O if the statement is true and X if it is false.

① 남자는 대학에서 요리를 전공했다. (　　　)

② 남자는 프랑스에서 식당을 운영하고 있다. (　　　)

③ 여자는 회사에서 하는 일이 적성에 맞지 않는다. (　　　)

2. 외국에서 일하게 된다면 무슨 일을 하고 싶습니까?
If you were to work abroad, what work would you want to do?

1) 여러분의 고향에서 인기 있는 직업은 무엇입니까? 친구들에게 소개해 보세요.
What jobs are popular back home? Introduce the jobs to your classmates.

직업	인기 있는 이유	자격 조건
1. 교사	• 보수가 좋다 • 사회적 인지도가 높다	• 교사 자격증 • 대학 졸업장
2.		
3.		
4.		

2) 여러분은 친구들이 소개해 준 직업 중에서 무슨 일을 하고 싶습니까? 그런 일을 하려면 무엇을 준비해야 하는지 조언을 구해 보세요.
What work do you want to do among the jobs that your classmates introduced? Seek advice on what you should prepare if you plan to do such work.

자격 조건 qualifications
보수 pay
자격증 certificate; license
졸업장 diploma

Reading & Writing

1. 다음을 읽고 질문에 답하세요.
Read the following passage and answer the questions.

새로운 직업 미래의 직업

고객을 위한 날씨 정보를 전달한다
기상 컨설턴트

기상 컨설턴트는 단순히 기상청에서 예측한 날씨 정보를 빨리 전달하는 사람이 아니다. 날씨를 분석해 고객에게 쉽고 정확하게 전달하는 일을 한다. 기상 컨설턴트의 고객은 비나 눈이 내리면 일하기 어려운 건설 회사와 날씨에 큰 영향을 받는 아이스크림 회사 같은 기업체가 대부분이다. 그러나 요즘은 자신의 상황에 알맞은 날씨 상담을 원하는 개인 고객이 늘고 있다. 기상 컨설턴트는 날씨 정보를 정확하고 빠르게 전달해야 하기 때문에 부담스러운 면이 있지만 기상 이변이 심한 요즘 매우 유망한 직업 중 하나이다.

마음의 병, 책으로 치유한다
독서 치료사

의사가 환자에게 약을 처방하거나 수술을 해서 병을 치료하는 것처럼 독서 치료사는 심리적으로나 정서적으로 어려움을 겪고 있는 사람에게 알맞은 책을 권해 주고 함께 그 책을 읽고 이야기를 나누면서 마음의 병을 치유해 주는 사람이다. 사람들은 책을 읽다가 자신의 상황과 비슷한 주인공의 이야기를 읽으면서 위안을 받기도 하고, 주인공이 어려움을 극복하는 내용을 보면서 용기를 얻기도 한다. 좋은 책을 읽으면서 마음의 병이 나을 수 있게 도와주는 독서 치료사는 스트레스로 고통 받는 사람이 많은 현대 사회에서 꼭 필요한 직업이다.

기상 컨설턴트 weather consultant
기상청 Korea Meteorological Administration; weather service
예측하다 to forecast
전달하다 to relay
건설 회사 construction company
기업체 company
부담스럽다 to be burdensome
기상 이변 unusual weather change
유망하다 to be promising
독서 치료사 bibliotherapist
처방하다 to prescribe
수술 surgery
심리적 psychological
정서적 emotional
어려움(을) 겪다 to suffer
알맞다 to be suitable
권하다 to recommend
위안 comfort
극복하다 to overcome
고통 pain

1) **기상 컨설턴트가 하는 일은 무엇입니까?**
   What type of work does a weather consultant do?

   _____

2) **독서 치료사에 대한 설명으로 맞으면 O, 틀리면 X 하세요.**
   Mark O if the statement about bibliotherapists is true and X if it is false.

   ① 의사처럼 약을 처방하기도 한다.   (   )

   ② 스트레스로 고통 받는 사람들에게 책을 읽어 준다.   (   )

   ③ 책을 읽고 이야기를 나누면서 마음의 병을 치유한다. (   )

2. 미래에 유망한 직업에 대해 생각해 보세요.
   Think about promising careers.

   1) **미래에 우리의 생활은 어떻게 달라질까요?**
      How will our lives change in the future?

	사라지는 것	새로 생기는 것
5년 후 (2□□□년)		
20년 후 (2□□□년)		

   2) **미래에 유망한 직업은 무엇일까요?**
      What careers will be promising?

5년 후 (2□□□년)	
20년 후 (2□□□년)	

3) 미래에 유망한 직업 중에서 하나를 골라 어떤 일을 하는 직업인지 써 보세요.
Choose one career among the promising careers and write about what kind of work it entails.

Conversation

- A Mark, is it fun teaching English at a prep school?
- B Yeah, it's a bit hard but teaching is right for me, so it's fun. But why?
- A Actually, I'm thinking about trying out teaching English, too.
- B Really? Have you been job searching?
- A Yeah, it just so happened that a prep school and elementary school were looking for a native English-speaking teacher, so I looked into them and the salaries seem similar. Would the prep school be better, or would the elementary school be better?
- B Well, teaching elementary school students will be tough because they're young, so I guess the prep school would be better.
- A Really? Then how is it at a prep school?
- B Since I have to teach classes early in the morning, there's a difficult side to it. But when there aren't any classes, I can work on whatever I want, so it's nice.
- A I see. I also hate being in an office all day long. Anyway, I'll think about it a bit more.
- B Okay, give it a good thought and decide.

- A Your desired salary is about 5 million won higher than our company provisions. How much did you receive where you used to work?
- B Actually, I don't have work experience in Korea. So, my expectations may have been a little bit high. By the way, I heard your company provides accommodations.
- A Yes, that's right. Our company provides an officetel in the area.
- B If that's the case, since I have my own officetel, I would like to receive my desired salary for not using the accommodation.
- A It would be hard to offer you more than the company provisions.
- B In that case, I'll follow the company provisions. But instead, I'd like to take about two weeks vacation at the end of the year.
- A That's a bit difficult for now, but as you work, your vacation time will increase as well.

Vocabulary

직원 복지 employee benefits
자기 개발 personal development
적성 aptitude
여가 시간 spare time
사회적 인지도 social awareness
출퇴근 거리 commuting distance
연봉 annual income
회사 분위기 work environment
업무량 workload

장래성 prospects
입사하다 to join a company
퇴사하다 to resign
외근하다 to work outside the office
야근하다 to work overtime (at night)
휴직하다 to take a leave of absence
이직하다 to change jobs
퇴직하다 to retire

Grammar Review

1. A/V-지 않을까 싶다

A 취직할 때 뭘 먼저 생각해야 할까?
B 장래성을 먼저 생각해야 _____.

2. A-(으)ㄴ 면이 있다, V-는 면이 있다

A 이번 업무는 전에 하던 일과 달라서 힘들지?
B 좀 다르지만 하던 일과 _____ 괜찮아.

3. A/V-았으면/었으면 하다

A 어디에서 근무하고 싶습니까?
B 영업부에서 _____.

4. V-다 보면

A 우리 회사는 전에 다니던 회사하고 분위기가 너무 다른 것 같아.
A 입사한 지 얼마 안 됐잖아. _____ 적응되겠지.

문법정답
1. 하지 않을까 싶어
2. 비슷한 면이 있어서
3. 근무했으면 합니다
4. 일하다 보면

6 사고와 처리
Accidents and Settlements

You will be able to
give accounts of accidents.
explain and resolve misunderstandings.

Vocabulary

1. 다음은 교통사고가 났을 때 사용하는 표현입니다.
   여러분이 경험한 사고에 대해 이야기해 보세요.
   The following phrases are used when a traffic accident takes place. Talk about an accident that you experienced.

사고가 나다 / 발생하다

사고를 당하다

사고를 내다

신고를 하다

구조를 요청하다

사고를 처리하다

보험으로 처리하다

합의를 하다

피해를 보상하다

2. 다음은 우리 주변에서 일어날 수 있는 사고와 부상에 관련된 표현입니다.
여러분이 경험한 사고에 대해 이야기해 보세요.
The following are phrases that are related to accidents and injuries that occur around us. Talk about an accident that you experienced.

발을 헛디디다

(길에서) 넘어지다

(침대에서) 떨어지다

(물에) 빠지다

(손가락이 문에) 끼다

(엘리베이터에) 갇히다

화상을 입다

멍이 들다

(손을) 베다

(무릎이) 까지다

(발목을) 삐다

(다리가) 부러지다

Conversation 1

A 서울 보험에서 사고 접수를 받고 나왔습니다. 많이 놀라셨죠? 다치지는 않으셨나요?

B 네, 다친 사람은 없어요.

A 다행이네요. 차는 어떤가요?

B 제 차는 괜찮은데 앞차가 좀 찌그러졌어요.

A 아, 여기가 좀 찌그러졌네요. 그럼 사고 처리를 도와 드리겠습니다. 우선 어떻게 하다가 사고가 났는지 좀 설명해 주세요.

B 앞차가 갑자기 멈추길래 바로 브레이크를 밟았는데 눈 때문에 길이 미끄러워서 앞차를 받았어요. 앞차 운전자는 갑자기 아이가 튀어나오는 바람에 급정거를 했다더라고요.

A 네, 알겠습니다. 그럼 앞차 운전자와 잠시 이야기 나눈 후에 바로 처리해 드리겠습니다.

B 잘 부탁드립니다.

찌그러지다 to be dented; to be crushed
멈추다 to stop
브레이크(를) 밟다 to step on the brakes
운전자 driver
튀어나오다 to pop out
급정거(를) 하다 to make a sudden stop

> **Culture**
>
> ### 자동차 보험 서비스 Automobile Insurance Service
>
> Korean automobile insurance agencies offer a quick reaction service for predicaments such as running out of fuel when driving, a dead car battery, or being locked out of the car after losing the car key. Except for special cases, the individual bears no cost for the quick reaction service, and the service is provided for approximately five incidents, which varies bit by bit with each insurance agency.

다음과 같이 이야기해 보세요.

Practice the conversation as follows.

 어떻게 하다가 사고가 났는지 좀 설명해 주세요.

 앞차가 갑자기 멈추길래 바로 브레이크를 밟았는데 길이 미끄러워서 앞차를 받았어요. 앞차 운전자는 갑자기 아이가 튀어나오는 바람에 급정거를 했다더라고요.

 네, 알겠습니다. 바로 처리해 드리겠습니다.

 잘 부탁드립니다.

산책을 나갔다가 잠시 전화를 받는 사이에 강아지를 잃어버렸습니다. 경찰에 실종 신고를 해 보세요.

지하철에서 졸다가 가방을 놓고 내렸습니다. 가방에 들어 있던 신용 카드를 잃어버렸습니다. 카드 회사에 분실 신고를 해 보세요.

스키를 타다가 다른 사람과 부딪혀서 다리가 부러졌습니다. 보험 회사에 전화해 보세요.

Grammar Points

A/V-길래

'-길래' is used when expressing that what the speaker observed or experienced becomes the cause, reason, or basis for the action that the speaker takes in the subsequent clause.

- 꽃이 예쁘길래 하나 샀어요.
- 친구가 이 버스를 타길래 나도 탔어.

V-는 바람에

'-는 바람에' is used when expressing that a previous action has a negative effect on the following situation or that the result is different from the speaker's expectation.

- 버스를 놓치는 바람에 약속에 늦었다.
- 아이가 갑자기 튀어나오는 바람에 급정거를 했다.

Conversation 2

A 늦어서 미안해. 화났어?

B 오늘은 또 뭐 때문에 늦었니?

A 빨리 오려고 했는데 버스가 고장이 나는 바람에…….

B 그럼 택시나 지하철을 타면 되잖아. 너 요즘 좀 이상해. 나 만나기 싫어?

A 아니야. 오해하지 마. 택시를 타려고 했는데 빈 택시가 없어 가지고 다음 버스를 기다릴 수밖에 없었어.

B 그럼 지하철을 탔어야지.

A 버스 안내 전광판을 보니까 다음 버스가 곧 도착한다고 하길래 기다렸지.

B 그럼 늦는다고 전화를 했어야지.

A 아침에 휴대폰을 물에 빠뜨리는 바람에 고장 났어.

B 뭐?

전광판 passenger information screen
빠뜨리다 to drop

Culture

버스 정보 시스템 Bus Information System

Since 2001, a transportation system that provides real-time bus service information has been instituted. Through satellites, bus location information is displayed on electronic information screens at bus stops. In addition, this information is offered over the internet. Passengers can check several times how many minutes later buses should arrive, not only by the bus stop information screens but also by their smart phones.

다음과 같이 이야기해 보세요.
Practice the conversation as follows.

 오늘은 또 왜 늦었어?

 버스가 고장이 나는 바람에…….

 그럼 택시를 타면 되잖아. 너 요즘 이상해. 나 만나기 싫어?

 아니야. 오해하지 마. 빈 택시가 없어 가지고 다음 버스를 기다릴 수밖에 없었어.

엘리베이터에 갇혀서 회의에 참석하지 못했다. 전화를 하고 싶었지만 휴대폰이 안 돼서 전화를 할 수 없었다.

지방으로 출장을 갔다가 태풍 때문에 비행기가 취소되어서 결혼기념일 저녁 약속을 지키지 못했다. 기차를 타려고 했지만 표를 구할 수 없었다.

친구들과 함께 만든 과제물을 버스에 놓고 내려서 오늘까지 내야 하는데 못 냈다. 버스 회사에 전화했지만 찾을 수 없었다.

Grammar Points

A/V-아/어 가지고

'–아/어 가지고' is used when expressing that the following action is taken after the previous action is done or that the former state or action is the cause or reason for the latter situation. It is used when emphasizing '–아서/어서.'

- 어제는 너무 바빠 가지고 연락을 못 했어.
- 요즘 잠을 못 자 가지고 입맛이 없어요.

A/V-(으)ㄹ 수밖에 없다

'–(으)ㄹ 수밖에 없다' is used when expressing that there is no other possibility or means besides what is mentioned.

- 설탕 대신 소금을 넣었으니까 짤 수밖에 없지.
- 이렇게 비가 쏟아지면 길이 막힐 수밖에 없어요.

Listening & Speaking

1. 잘 듣고 질문에 답하세요.
Listen carefully and answer the questions.

SB Track 18

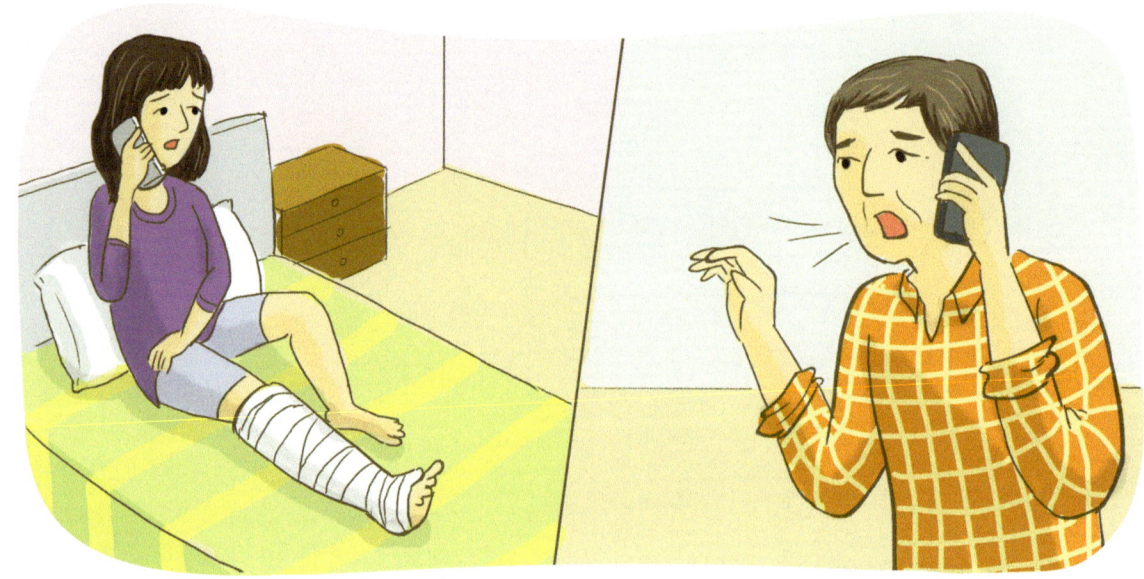

1) 여자는 어디에서 어떻게 사고를 당했습니까?
Where and how did the woman get into an accident?

_____

2) 들은 내용과 같으면 O, 다르면 X 하세요.
Mark O if the statement is true and X if it is false.

① 여자는 부모님과 함께 살고 있다. (　　)

② 남자는 여자의 사고 소식을 여자에게 직접 들었다. (　　)

깁스 (plaster) cast ③ 여자는 앞으로 2주 동안 깁스를 하고 있어야 한다. (　　)

2. 친구들이 어떤 사고를 경험했는지 인터뷰하면서 메모해 보세요.
Take notes about what kind of accidents your classmates have experienced while interviewing them.

1) 어떤 사고를 당했습니까?
What kind of accident have you been in?

친구 이름	아유미		
무슨 사고가 났어요?	엘리베이터 사고		
언제 사고가 났어요?	작년		
어디에서 사고가 났어요?	살고 있는 아파트		
왜 그런 사고가 났어요?	엘리베이터 고장		
어떻게 됐어요?	10분 만에 구조됨		

2) 친구가 어떤 사고를 당했는지 발표해 보세요.
Share what kind of accident your partner has been in.

아유미 씨는 작년에 엘리베이터 사고를 당했습니다. 아유미 씨가 살고 있는 아파트 엘리베이터가 갑자기 고장 나는 바람에 10분 동안 엘리베이터에 갇혀 있었다고 합니다. 아유미 씨는 아무 일 없이 구조되었지만 사고가 난 후부터 엘리베이터를 타는 게 무서워졌다고 합니다.

마이클 씨는 …….

Reading & Writing

1. 다음을 읽고 질문에 답하세요.
Read the following passage and answer the questions.

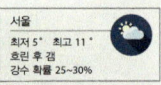

○○신문

2016년 ○○월 ○○일   ○○ NEWS   월요일

지난 11월 16일 모교 IBK커뮤니케이션 센터에서 열린 언론정보학 포럼에서 이규연(농학80-85) JTBC국장은 '비영리보도단체의 심층저널리즘'에 대해 강연하는 시간을 가졌다. 이날 강연에는 50여 명의 교수, 대학원생 및 학부생들이 참석했다.

이규연 국장은 현재 JTBC에서 진행하는 '이규연의 스포트라이트'를 통해 탐사 저널리즘을 꾸준히 시도해왔다. 한 사건에 대해 심층적으로 파고드는 탐사 저널리즘은 비

나가기 위해서는 언론 스스로가 사건에 대해 더 깊이 있는 콘텐츠를 제공할 수 있어야 한다"며 "이러한 심층보도는 비영리 독립언론이 가장 잘할 수 있다"고 전했다.

포럼에 참가한 박진우(언론정보 4년) 군은 "평소에 이규연 선배님의 방송프로그램을 보다가 이렇게 가까이서 강연을 듣게되니 신기했다"라며 "우리나라에 탐사보도 언론이 더 많아져야 한다는 점에 공감하며, 앞으로 비영리행태의 탐사보도 언론사가

살얼음판, 조심해야

오늘 오후 경기도 여주시에서 한 중학생이 저수지에 빠지는 사고가 발생했다. 겨울 방학을 맞아 시골에 있는 할아버지 집에 놀러 간 강 군은 할아버지의 집 앞에 있는 큰 저수지가 얼어 있는 것을 보고 집에서 준비해 온 썰매를 타다가 사고를 당했다.

사고를 당한 강 군의 말에 의하면 저수지가 얼어 있길래 그 위에 올라가 보았고 몇 걸음 걸어 보니까 얼음이 깨지지 않길래 얼음 위에서 신나게 썰매를 타며 놀았다고 한다. 그런데 갑자기 얼음이 깨지는 바람에 강 군은 자신의 키보다 약간 더 깊은 저수지에 빠진 것이다.

수영을 할 줄 모르는 강 군이 저수지 속에서 허우적대고 있을 때 다행히 그곳을 지나가던 김 씨가 물에 빠진 강 군을 구해 주었고 119구조대의 도움으로 병원으로 이송돼 현재 회복하는 중이라고 한다.

박진수 기자 〈jspark@sinmun.co.kr〉

살얼음판 thin ice
저수지 reservoir
맞다 to welcome
썰매 sled
걸음 step
허우적대다 to flounder
다행히 fortunately
이송되다 to be transferred
회복하다 to recover

1) 무슨 일이 있었습니까? 메모해 보세요.
What happened? Take notes.

누가	
언제	
어디서	
무엇을	
어떻게	
왜	

2) 글의 내용과 같으면 O, 다르면 X 하세요.
Mark O if the statement is true and X if it is false.

① 119 구조대가 물에 빠진 강 군을 구해 주었다. ( )

② 강 군은 할아버지 댁에 놀러 갔다가 사고를 당했다. ( )

2. 여러분 나라의 신문에 난 사고에 대한 기사를 찾아서 써 보세요.
Find an article in your country's newspaper about an accident and write about it.

1) 메모해 보세요.
Take notes.

누가	
언제	
어디서	
무엇을	
어떻게	
왜	

2) 기사의 제목을 만들어 보세요.
Create a title for the article.

_____

3) 메모를 보고 기사를 써 보세요.
Based on your notes, write an article.

Conversation

❶

A I've come after receiving your accident claim at Seoul Insurance. You must have been very surprised. You weren't injured?

B No. No one was injured.

A That's a relief. How is your car?

B My car is fine, but the car in front got a bit dented.

A Oh, it is a little dented here. Then, I shall assist you with settling the accident. First, please explain how the accident happened.

B The car in front suddenly stopped, so I stepped on the brakes right away, but because of the snow, the road was slippery, so I ran into the car in front. The driver of the car in front said he made a sudden stop because a child suddenly came out of nowhere.

A Okay, got it. Then after talking with the driver in front, I'll settle the accident for you right away.

B I appreciate it.

❷

A Sorry I'm late. Are you mad?

B What's the reason you're late again today?

A I meant to get here quickly, but because the bus broke down…….

B Then you could've taken a taxi or the subway. You've been a bit weird lately. Do you not want to meet me?

A No, it's not that. Don't get me wrong. I was going to take a taxi, but because there were none available, I had no choice but to wait for the next bus.

B Then you should've taken the subway.

A I looked at the bus information screen, and the next bus was said to arrive right away, so of course I waited.

B Then you should've called to say you'd be late.

A My cell phone broke since I dropped it in water in the morning

B What?

Vocabulary

사고가 나다 to be in an accident	(길에서) 넘어지다 to fall (on the street)
사고가 발생하다 to have an accident occur	(침대에서) 떨어지다 to fall (from the bed)
사고를 내다 to cause an accident	(물에) 빠지다 to drown; to fall (into the water)
사고를 당하다 to be involved in an accident	(손가락이 문에) 끼다 to catch (one's finger in a door)
신고를 하다 to report	(엘리베이터에) 갇히다 to be stuck (in an elevator)
구조를 요청하다 to call for help	화상을 입다 to get burned
사고를 처리하다 to deal with an accident	멍이 들다 to get bruised
보험으로 처리하다 to cover by insurance	(손을) 베다 to cut (one's hand)
합의를 하다 to settle	(무릎이) 까지다 to scrape (one's knee)
피해를 보상하다 to compensate for damage	(발목을) 삐다 to twist (one's ankle)
발을 헛디디다 to loose footing	(다리가) 부러지다 to break (one's leg)

Grammar Review

1. A/V-길래

A 어떻게 하다 다친 거야?
B 문이 _____ 잡으려다가 손가락이 문에 끼었어.

2. V-는 바람에

A 어머, 어떻게 된 거예요? 왜 깁스를 했어요?
B 운동을 하다가 발을 _____ 발목을 삐었어요.

3. A/V-아/어 가지고

A 왜 이렇게 차가 찌그러졌어요?
B 신호등 앞에서 멈춰 있는데 뒤차가 갑자기 제 차를 _____ 그렇게 됐어요.

4. A/V-(으)ㄹ 수밖에 없다

A 어떻게 하다가 앞차를 받았어? 조심 좀 하지.
B 눈 때문에 너무 미끄러워서 사고가 _____.

모범답안
1. 닫히길래
2. 헛디디는 바람에
3. 박아 가지고
4. 날 수밖에 없었어

7 가족과 사회
Family and Society

You will be able to
report survey results.
make predictions based on survey results.

Vocabulary

1. 다음은 가족에 대한 어휘입니다. 여러분의 가족과 주변 사람들의 가족에 대해 말해 보세요.
   The following are words about family. Speak about your family and families of those around you.

대가족　　　핵가족　　　다문화 가족

한부모 가족　　　1인 가구　　　노인 1인 가구

2. 다음은 조사와 관련된 어휘입니다. 다음 그래프를 보고 말해 보세요.
   The following are words that are related to surveys. Look at the following graphs and speak about them.

설문 조사　　　설문지　　　조사 대상 / 응답자

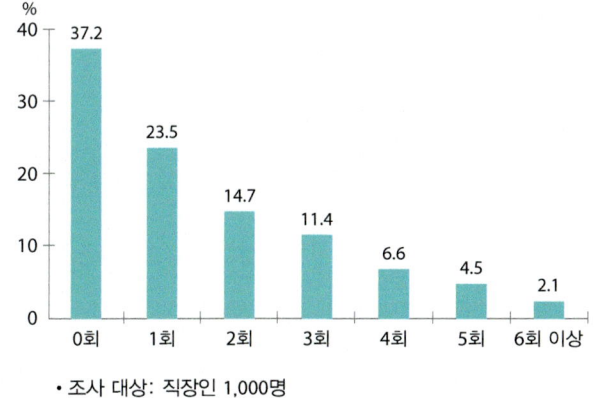

3. 다음은 조사한 후 발표할 때 사용하는 표현입니다. 위 그래프를 보고 말해 보세요.
The following are phrases that are used when sharing the results after conducting a survey. Look at the graphs above and speak about them.

조사 대상과 조사 방법에 대해 말할 때
N을/를 대상으로 조사하다[조사를 실시하다]
N을/를 통해 조사하다[조사를 실시하다]

조사 결과에 대해 말할 때

N(으)로 나타나다　　　　　　　N을/를 차지하다
A/V-다고 응답하다　　　　　　 ☐, ☐, ☐ 순이다
N(이)라고 응답하다　　　　　　 ☐, ☐, ☐ 순으로 나타나다

N에 달하다　　　　　　　　　　N에 불과하다
N에 이르다　　　　　　　　　　N에 그치다
　　　　　　　　　　　　　　　N에 지나지 않다

V-는 추세이다　　　　　　　　　그 밖에 A/V-다는 응답도 있다
V-는 경향이 있다　　　　　　　 그 밖에 N(이)라는 응답도 있다
V-는 경향을 보이다

앞으로의 경향이나 전망에 대해 말할 때
A/V-(으)ㄹ 것으로 보이다
A/V-(으)ㄹ 것으로 전망되다

Conversation 1

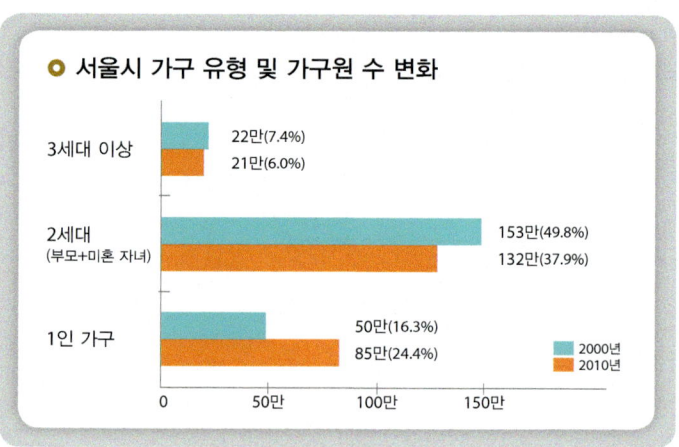

안녕하세요?

저는 오늘 한국 가족 형태의 변화에 대해 발표하겠습니다. 한국은 전통적으로 대가족 중심 사회였습니다. 그러나 대가족 중심 사회는 도시화와 산업화로 인해 빠르게 핵가족 중심 사회가 되었습니다.

서울시에서 실시한 2010년 서울시 가구 현황 조사 결과에 의하면 부모와 미혼 자녀가 함께 살고 있는 가구는 서울시 인구의 47.9%인 데에 비해 3세대 이상의 대가족이 함께 살고 있는 가구는 6%에 불과한 것으로 나타났습니다. 그리고 2000년에 16.3%를 차지하던 1인 가구가 2010년에는 24.4%에 달하고 있는데요, 앞으로도 미혼이나 혼자 사는 노인의 증가로 인해 1인 가구가 늘어날 것으로 전망됩니다.

그리고 국제결혼과 이혼의 증가로 인해 전통 사회에서 볼 수 없었던 가족 형태가 생겼는데요, 다문화 가족이나 한부모 가족이 그 예라고 할 수 있습니다. 또 자녀의 교육을 위해 떨어져 사는 기러기 가족도 늘어나고 있습니다.

형태 structure; form
도시화 urbanization
산업화 industrialization
현황 current state
세대 generation

기러기 가족 Goose Families

Goose Family is a figurative term for a family in which the mother and children or father and children live abroad while the father or mother lives separately in Korea so that the children can be educated abroad; a father who remains alone in Korea to support his family abroad is called a Goose Father. The Goose Family phenomenon came about in the 1990s from the craze for children to study abroad, and the name comes from the similarity between a migratory goose and a father who stays in Korea to earn money for his family, flying overseas once or twice a year to see them.

다음과 같이 조사 결과를 발표해 보세요.
Share the following survey results.

> 서울시 가구 현황을 조사한 결과에 의하면 부모와 미혼 자녀가 함께 살고 있는 가구는 서울시 인구의 47.9%인 데에 비해 3세대 이상의 대가족이 함께 살고 있는 가구는 6%에 불과한 것으로 나타났습니다. 그리고 2000년에 16.3%를 차지하던 1인 가구가 2010년에는 24.4%에 달하고 있습니다.

국내 외국인 유학생

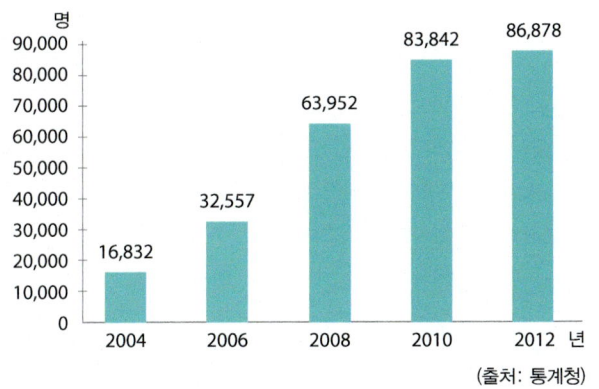

(출처: 통계청)

외국인 유학생 출신 국가

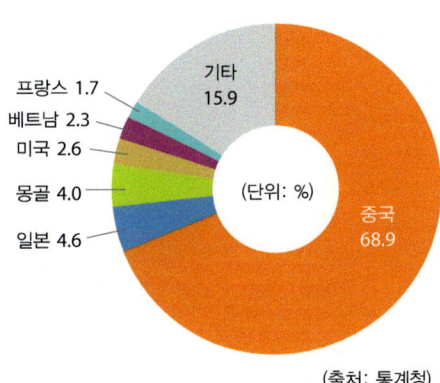

(출처: 통계청)

출신 born

Grammar Points

N에 의하면

'N에 의하면' is used when speaking based on a certain situation or criterion or attributing information to a source.
- 일기 예보에 의하면 내일부터 기온이 떨어진대요.
- 신문 기사에 의하면 내년부터 집값이 오른다고 한다.

N(으)로 인해

'N(으)로 인해' is used when expressing the cause or reason for a situation or incident.
- 취직 문제로 인해 휴학하는 학생이 증가했다.
- 운전 중 휴대폰 사용으로 인해 교통사고가 늘고 있다.

Conversation 2

A 오늘 회의에서는 우선 김 대리가 준비한 것부터 살펴보겠습니다. 김 대리, 준비 됐지요?

B 네. 최근 60대 이상의 노년층을 대상으로 소비 성향을 조사한 결과에 의하면 여가 활동을 즐기는 데 소비하는 비용이 증가하는 추세라고 합니다. 그리고 이러한 추세는 앞으로도 계속될 것으로 전망됩니다. 그래서 제가 준비한 것은 노년층을 위한 해외 배낭여행 상품입니다.

A 좋은 생각인 것 같은데요. 구체적으로 어떤 상품인가요?

B 패키지여행 상품과 다르게 직접 여행지를 선택하고 일정을 짤 수 있는 배낭여행 상품입니다. 그리고 현지 안내 센터를 운영함으로써 여행 중에 도움이 필요하면 언제든지 전화로 물어볼 수 있는 서비스를 제공할 계획입니다.

노년층 seniors
소비 성향 spending habits
(일정을) 짜다 to make (a schedule)
현지(의) local

Culture

고령친화산업 Senior-friendly Industries

A senior-friendly industry is an industry with the aim of manufacturing, selling, or providing senior citizens with goods and services. This industry began in developed countries but demand for senior-friendly industries in Korea is also growing due to the recent rapid increase in the elderly population. Senior-friendly industries includes home care services, nursing home facilities, senior healthcare, sightseeing/recreation/entertainment programs for the elderly, and the manufacturing and selling of foods/apparel/daily commodities for the elderly.

다음과 같이 이야기해 보세요.
Practice the conversation as follows.

 오늘 준비한 것은 무엇인가요?

 최근 노년층의 여가 활동을 위한 소비 비용이 증가하는 추세라고 하는데요. 그래서 제가 준비한 것은 직접 여행지를 선택하고 일정을 짤 수 있는 노년층을 위한 배낭여행 상품입니다. 그리고 현지 안내 센터를 운영함으로써…….

기획 상품	소형 세탁기
추세	1인 가구 증가
전망	1인용 전자 제품 수요 증가
상품의 특징	크기가 작다 → 좁은 공간에서 사용할 수 있다

기획 상품	가벼운 등산화
추세	등산객 증가
전망	다양한 등산 용품 수요 증가
상품의 특징	신발이 가볍다 → 오래 걸어도 피곤하지 않다

기획 plan
소형 compact
수요 demand
용품 goods

Grammar Points

V-는 데

'-는 데' is used when expressing a certain event or situation. It is also used when expressing a certain location or scenario.
- 네가 아는 데까지 말해 봐.
- 여기서 지하철역까지 가는 데에 얼마나 걸려요?

V-(으)ㅁ으로써

'-(으)ㅁ으로써' is used when expressing a tool, means, method, or cause by which an action is done.
- 편지를 주고받음으로써 서로에 대해 더 많이 알게 되었다.
- 한국 가정에서 한국인 가족과 생활함으로써 한국 문화를 배우게 된다.

Listening & Speaking

1. 잘 듣고 질문에 답하세요.
Listen carefully and answer the questions.

SB Track 21

1) 이것은 누구를 대상으로 무엇에 대해 조사한 설문 결과입니까?
What and whom are the conducted survey results about?

_____

2) 들은 내용과 같으면 O, 다르면 X 하세요.
Mark O if the statement is true and X if it is false.

① 결혼을 꼭 해야 한다는 응답은 절반을 넘지 못했다.   (   )

② 노인 부양의 책임이 가족에게 있다는 응답이 가장 많았다.   (   )

③ 결혼을 하지 않고도 함께 살 수 있다는 응답이 절반을 넘었다.   (   )

절반 half
부양 support
책임 responsibility

2. 친구들을 대상으로 설문 조사를 해 보세요.
Conduct a survey on your classmates.

가족에 대한 의식 조사 설문

1. 다음 중 가족이라고 생각하는 사람은?
   ① 따로 살고 있는 조부모   (명)
   ② 출가한 형제나 자매   (명)
   ③ 반려동물   (명)
   ④ 기타   (명)

2. 가족과 함께 외식할 때 메뉴와 식당을 정하는 사람은?
   ① 아버지   (명)
   ② 어머니   (명)
   ③ 나   (명)
   ④ 기타   (명)

3. 아버지가 하는 일 중 가장 중요하다고 생각하는 것은?
   ① 돈을 버는 것   (명)
   ② 육아   (명)
   ③ 가사   (명)
   ④ 기타   (명)

4. 어머니가 하는 일 중 가장 중요하다고 생각하는 것은?
   ① 돈을 버는 것   (명)
   ② 육아   (명)
   ③ 가사   (명)
   ④ 기타   (명)

_____ 조사 설문

1. _____?
   ①   (명)
   ②   (명)
   ③   (명)
   ④   (명)

2. _____?
   ①   (명)
   ②   (명)
   ③   (명)
   ④   (명)

3. _____?
   ①   (명)
   ②   (명)
   ③   (명)
   ④   (명)

4. _____?
   ①   (명)
   ②   (명)
   ③   (명)
   ④   (명)

- 지영 씨는 어머니가 하시는 일 중에 가장 중요한 일이 뭐라고 생각해요?
- 육아요. 아이는 엄마가 키워야 한다고 생각해요.

조부모 grandparents
출가하다 to marry; to leave home
반려동물 companion animal; pet

7과 가족과 사회 Family and Society

Reading & Writing

1. 다음을 읽고 질문에 답하세요.
Read the following passage and answer the questions.

'한국'이라고 하면 먼저 떠오르는 것은?

한국 방문 경험이 없는 유럽 5개국 대학생 500명을 대상으로 한국에 대해서 얼마나 알고 있는지 조사했다. '한국'이라고 하면 가장 먼저 떠오르는 것이 무엇인지에 대한 질문에 42%의 응답자가 한국 노래라고 대답했다. 그다음으로는 한국 드라마(27%), 서울(21%), 김치(10%) 순으로 나타났다. 10년 전에는 서울이라고 응답한 사람이 가장 많았고 한국 노래나 드라마라고 응답한 사람은 거의 없었다. 이러한 결과를 보면 지난 10년 동안 한국의 대중문화가 유럽에 많이 알려졌다는 것을 알 수 있다.

다음으로 '한국'이라고 하면 먼저 떠오르는 상품에 대한 질문에는 휴대폰이라는 응답이 49%로 가장 높았고, 그다음으로는 자동차, 음식, 전자 제품 등이 있었다. 마지막으로 '한국'이라고 하면 연상되는 음식이 무엇인지 물었더니 김치라고 응답한 사람이 39%로 가장 많았다. 과거에는 불고기가 1위를 차지했으나 이번 조사에서 불고기는 27%로 3위를 차지했다. 김치 다음으로는 비빔밥(30%)이었고, 기타 의견으로는 김밥, 라면, 떡볶이 등이 있었다.

1) 설문 조사 결과 '한국'이라고 하면 연상되는 음식을 순서대로 쓰세요.
When Korea is mentioned, list the foods that come to mind in order according to the survey.

( ) – ( ) – ( )

2) 글의 내용과 같으면 O, 다르면 X 하세요.
Mark O if the statement is true and X if it is false.

① 한국에서 살고 있는 유럽 대학생들을 대상으로 조사했다. ( )

② 10년 전에 비해 한국의 대중문화가 유럽에 많이 알려졌다. ( )

③ 응답자 대부분은 한국 상품 중 휴대폰이 먼저 떠오른다고 답했다. ( )

개국 number of countries (counting unit)
떠오르다 to come to mind
대중문화 popular culture
인기(를) 얻다 to gain popularity
연상되다 to be associated (with)

2. 설문 조사 결과(p. 109)를 정리해서 발표문을 쓰세요.
Organize the survey results(p. 109) and write a presentation.

1) 설문 조사 결과를 쓰세요.
Write the survey results.

_____
_____
_____
_____

2) 조사 결과를 보고 앞으로의 전망을 쓰세요.
Based on the survey results, write a prediction of the future.

_____
_____
_____
_____

3) 메모를 보고 발표문을 쓰세요.
Based on your notes, write a presentation.

1

Good afternoon.

Today I'd like to give a presentation on the changes in the Korean family structure. Korea was traditionally an extended-family society. However, the extended-family society quickly became a nuclear-family society due to urbanization and industrialization.

According to the results of a 2010 survey conducted in Seoul on the current state of Seoul households, compared to the households in which parents and unmarried children live together, making up 47.9% of the population of Seoul, households in which more than three generations of the extended family live together revealed to be merely 6%. Additionally, in 2000, single-person households that were once at 16.3% rose to 24.4% by 2010. The number of single-person households is expected to increase in the future as well due to the rise in singles and seniors who live alone.

And due to the rise in international marriage and divorce, family structures that couldn't have been seen in traditional society have surfaced. Multicultural families and single-parent families can be mentioned as such examples. Also, goose families that live apart for the sake of the children's education are increasing.

2

A   In today's meeting, we will first have a look at what Mr. Kim has prepared. Mr. Kim, you are ready, right?

B   Yes. According to the results of a survey on the spending habits of seniors over 60 years old, there is an upward trend in their expenditure on leisure activities they enjoy. And, this trend is expected to continue in the future. So what I have prepared are overseas backpacking travel products for the elderly.

A   That seems like a good idea. Exactly what kind of products are they?

B   Unlike package tour products, they are backpacking travel products that allow seniors to choose their travel destination and make their schedule for themselves. And through the operation of local information centers, I plan to offer a service in which they can call to ask questions whenever they need help during their travels.

Vocabulary

대가족 extended family
핵가족 nuclear family
다문화 가족 multi-cultural family
한부모 가족 single-parent family
1인 가구 single-person household
노인 1인 가구 single-senior household
설문 조사 survey
설문지 questionnaire
조사 대상 subjects of a survey
응답자 respondent
N을/를 대상으로 조사하다[조사를 실시하다]
  to conduct a survey [to carry out a survey]
  on (someone/something)
N을/를 통해 조사하다[조사를 실시하다]
  to survey with (someone/something)
N(으)로 나타나다 to reveal to be; to come out
  to be
A/V-다고[N(이)라고] 응답하다 to respond by saying
N을/를 차지하다 to account for
□, □, □ 순이다 to be in the order of
□, □, □ 순으로 나타나다 to reveal to be in the order of
N에 달하다 to amount to
N에 이르다 to reach
N에 불과하다 to be merely
N에 그치다 to be barely
N에 지나지 않다 to be no more than
V-는 추세이다 to have a trend of
V-는 경향이 있다 to have a tendency of
V-는 경향을 보이다 to show a tendency of
그 밖에 A/V-다는[N(이)라는] 응답도 있다 to also have other
  responses
A/V-(으)ㄹ 것으로 보이다 to appear to
A/V-(으)ㄹ 것으로 전망되다 to be expected to

Grammar Review

1. N에 의하면

A 요즘 혼자 사는 사람이 많아진 것 같아요.
B 맞아요. _____ 1인 가구가 증가하고 있대요.

2. N(으)로 인해

A 요즘 다문화 가족이 많아진 것 같아요.
B 네, 국제결혼의 _____ 다문화 가족이 증가했대요.

3. V-는 데

A 할머니, 이 아파트에는 혼자 사시는 어르신이 많은 것 같아요.
B 응, 우리 아파트에는 노인들이 혼자 _____ 필요한 시설이 잘 돼 있거든.

4. V-(으)ㅁ으로써

A 직업 체험 수업을 하는 이유가 무엇인가요?
B 학생들이 직접 _____ 자신의 적성에 맞는 일을 찾게 하기 위해서지요.

모범답안
1. 조사 결과에 의하면
2. 증가로 인해
3. 사는 데에
4. 체험함으로써

8 환경 오염과 환경 보호

Environmental Pollution and Protection

You will be able to

warn about the severity of environmental pollution.

express assertions and agreement about environmental protection.

Vocabulary

1. 다음은 환경 오염에 관련된 어휘입니다. 환경 오염의 원인과 결과에 대해 말해 보세요.
   The following are words that are related to environmental pollution. Speak about the causes and effects of environmental pollution.

2. 다음은 환경 보호에 관련된 어휘와 표현입니다.
   환경 보호를 위해 우리가 할 수 있는 일에 대해 이야기해 보세요.
   The following are words and phrases that are related to environmental protection. Talk about what we can do in order to protect the environment

쓰레기를 분리 배출하다

일회용품 사용을 줄이다

환경 마크

GR 마크

에너지 절약 마크

저탄소 제품 인증 마크

친환경 제품을 구입하다

폐품을 재활용하다

자원[에너지]을 절약하다

Conversation 1

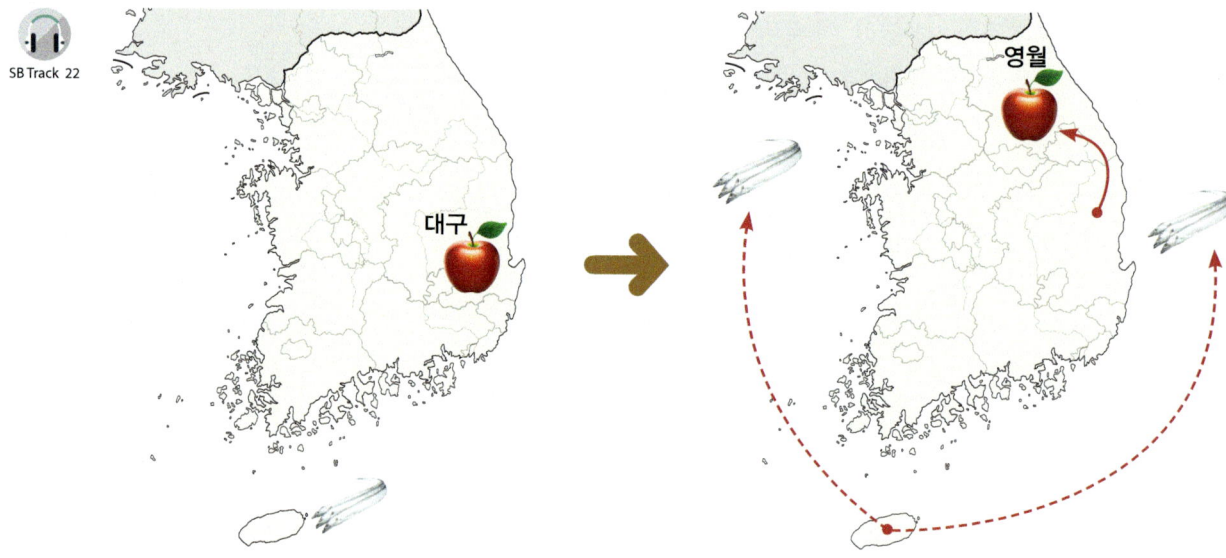

A 이 신문 기사 좀 봐. 이제는 대구 사과가 아니고 영월 사과래.

B 나도 그 기사 읽었어. 사과가 제일 많이 나는 곳은 대구였는데 이젠 날씨 때문에 대구에서 사과를 재배하기 어렵게 됐대.

A 지구 온난화로 날씨가 점점 더워지다 보니까 과일 재배 지역도 북쪽으로 이동할 수밖에 없지.

B 맞아. 여름휴가 때 제주도에 갔다 왔는데 제주 갈치를 구하기가 힘들더라고.

A 이상 기후로 인해 바닷물 온도가 올라가다 보니 갈치도 온도를 따라서 북쪽으로 이동해서 그렇대.

B 이러다가는 우리가 어렸을 때 먹던 과일이나 생선을 다 수입하게 될 거야.

A 그러게. 이런 문제들이 다 환경이 오염됐기 때문에 생기는 거잖아.

B 맞아. 이렇게 계속 환경이 오염되다가는 영화에서 보던 무서운 재앙이 실제로 우리에게 닥칠지도 몰라.

영월 Yeongwol city
나다 to produce
재배하다 to grow; to cultivate
이동하다 to move
갈치 hairtail fish
따르다 to act in accordance with
이러다 if this goes on; if this keeps up
수입하다 to import
재앙 disaster
닥치다 to hit; to come near

Culture

지역 특산물 Regional Specialty Products

Each region has its iconic specialty products: Icheon Rice from Gyeonggi-do Province, Geumsan Ginseng from Chungcheong-nam-do Province, Daegu Apples and Yeongdeok Snow Crab from Gyeongsang-buk-do Province, Boseong Green Tea from Jeolla-nam-do Province, and tangerines, Halla-bong, and hairtail from Jeju Island. However, regional specialty products are changing as the cultivation areas of agricultural products are moving northward and the habitats of fish products are shifting due to abnormal climate.

○ 요즘 환경 오염 때문에 어떤 일이 일어나고 있습니까? 그리고 앞으로 어떤 일이 일어나겠습니까?
환경 오염의 심각성에 대해 경고해 보세요.
What issues are recently occurring because of environmental pollution? Also, what kind of issues will occur in the future? Warn about the severity of environmental pollution.

 사과가 제일 많이 나는 곳이 대구였는데 이젠 대구에서 사과를 재배하기 어렵게 됐대.

 지구 온난화로 날씨가 점점 더워지다 보니까 과일 재배 지역도 북쪽으로 이동할 수밖에 없지.

 이렇게 계속 온도가 높아지다가는 우리나라 기후도 변하게 될 거야.

 그러게. 이러다가는…….

요즘 일어나는 일
- 과일 재배 지역이 북쪽으로 이동한다.
-
-

앞으로 일어날지도 모르는 일
- 우리나라 기후가 변할지도 모른다.
-
-

Grammar Points

V-다 보니까

'-다 보니까' is used when expressing that the a new fact is realized or a certain situation is reached from the process in which an action or phenomenon such as the one in antecedent clause takes place.

- 소설이 너무 재미있어서 계속 읽다 보니까 주말이 다 지나갔다.
- 한국 드라마의 인기가 높아지다 보니 한국어를 배우는 학생들이 증가하고 있다.

V-다가는

'-다가는' is used when expressing that if the subject continues an action such as the one in the previous clause, a negative or unexpected result will follow afterwards.

- 그렇게 밥을 빨리 먹다가는 체할 거야.
- 돈을 아끼지 않고 마음대로 쓰다가는 나중에 후회하게 될 거예요.

Conversation 2

SB Track 23

A 오늘은 정말 덥네요. 벌써 여름이 시작된 건가요?

B 뉴스에서 보니까 이상 고온이라고 하던데요. 지난달에는 폭설이 내리더니…….

A 이게 다 지구 온난화 때문이잖아요. 이러다가는 사계절도 없어지고 말 거예요.

B 그러게요. 점점 여름이 길어진다던데. 게다가 폭우나 폭설 때문에 피해를 입는 사람들도 많아지고 있고요.

A 맞아요. 그러니까 더 많은 피해를 입기 전에 지구 온난화를 막아야죠.

B 근데 아직 환경 문제의 심각성을 인식하지 못하는 사람들도 많은 것 같아요. 우리 모두가 환경을 보호해야 지구 온난화를 막을 수 있는데…….

A 그러게 말이에요. 근데, 소영 씨도 저처럼 지구를 사랑하는 마음으로 컵을 가지고 다니는 게 어때요?

B 하하, 좋아요. 저도 내일부터는 지구와 우리 모두를 위해서 컵을 가지고 다녀야겠어요.

이상 고온 abnormally high temperatures
사계절 four seasons
보호하다 to protect
심각성 seriousness; severity
인식하다 to be aware of

Culture

한국의 기후 변화 Korea's Climate Changes

Global warming is advancing at a rapid pace, even in Korea. Within the last 100 years(1912~2008), the average temperature in Seoul rose by 1.7℃, which is twice as high as the average global temperature rise. Additionally, spring and summer have grown longer, while the blooming season for spring flowers has come earlier. According to the National Institute of Meteorological Research, should greenhouse gas emissions continue to increase as it is now, it is predicted that major cities in Korea such as Seoul, Busan, Incheon, and Daejeon will virtually fall within the subtropical climate zone by 2070.

다음과 같이 이야기해 보세요.
Practice the conversation as follows.

 지구 온난화 때문에 사계절도 없어지고 말 거야.

 그러게. 지구 온난화로 생긴 폭우나 폭설 때문에 피해를 입는 사람들이 많아지고 있고.

 맞아. 그러니까 더 많은 피해를 입기 전에 지구 온난화를 막아야 해.

 우리 모두가 환경을 보호해야 지구 온난화를 막을 수 있어.

공장 폐수와 가정에서 사용하는 합성 세제의 양이 늘어나면서 수질 오염이 심각해지고 있다.

공장이 많아지고 자동차 사용이 늘어나면서 대기 오염이 심각해지고 있다.

농약이나 화학 비료의 사용이 늘어나면서 토양 오염이 심각해지고 있다.

?

 다른 사람의 의견에 동의할 때

| 맞습니다 / 맞는 얘기예요 | 그러게요 / 그렇습니다 | 물론입니다 / 물론이지요 |
| 맞는 말씀입니다 | 그러게 말이에요 | 당연하지요 / 당연한 말씀입니다 |

Grammar Points

V-고 말다

'-고 말다' is used when expressing regret that an undesirable event ultimately occurred or a task was accomplished with great difficulty. It can also be used when expressing the speaker's strong will to accomplish a certain task. In this case, the subject should be first person.

- 아끼던 시계를 잃어버리고 말았다.
- 이번에는 시험에 꼭 합격하고 말겠다.

A/V-아야/어야

'-아야/어야' is used when expressing that the previous fact or state is a prerequisite for the following situation.

- 날씨가 좋아야 소풍을 갈 수 있어요.
- 이 약을 먹어야 감기가 빨리 나을 거예요.

Listening & Speaking

1. 잘 듣고 질문에 답하세요.
   Listen carefully and answer the questions.

 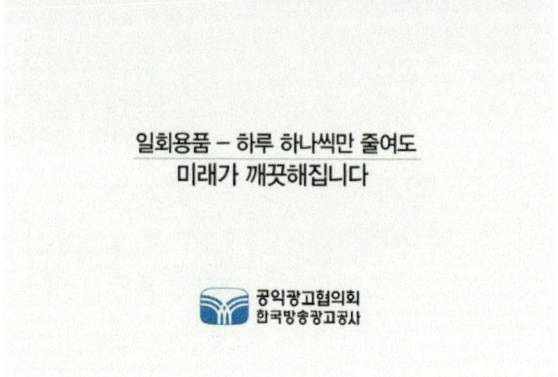

1) 이상 기후의 원인은 무엇입니까?
What is the cause of abnormal climate?

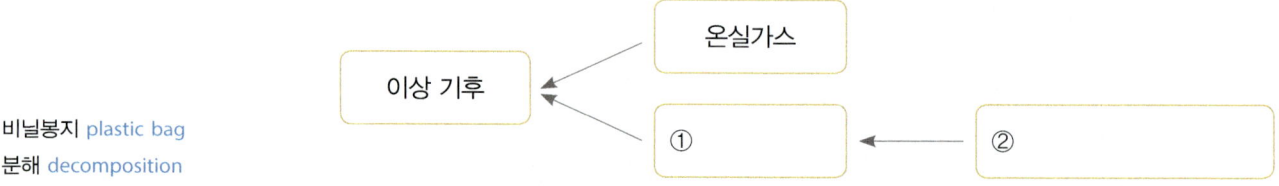

비닐봉지 plastic bag
분해 decomposition

2. 환경 보호를 위해서 우리가 할 수 있는 일은 무엇일까요? 이야기해 보세요.
What can we do to protect the environment? Talk about it.

Reading & Writing

1. 다음 광고에 들어갈 내용으로 알맞은 것을 고르세요.
Choose the correct answer to fill in the following announcements.

1)
(   )

2)
(   )

3)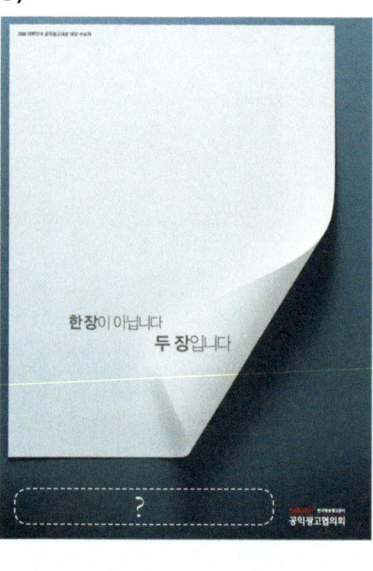
(   )

① 비닐봉지가 땅속에서 분해되려면 50년 이상의 시간이 걸립니다. 땅속에서 분해되지 않는 쓰레기들이 우리 땅을 오염시키고 있습니다.
우리 아이들이 살 땅을 쓰레기로 가득한 땅으로 만드시겠습니까?

② 잠깐! 지금 한 면만 사용하고 버리십니까? 종이의 한 면만을 사용하는 것은 종이를 만들 때 사용된 나무들의 반을 버리고 마는 것입니다.
종이 뒷면도 사용해 주세요. 양면을 사용함으로써 우리의 자원을 아끼고 자연을 보호할 수 있습니다.

③ 대기 오염이 심각해지면서 지구가 몸살을 앓고 있습니다. 지구를 지키는 일, 자연을 지키는 일은 그렇게 어려운 일이 아닙니다.
오늘은 자동차를 두고 대중교통을 이용해 보세요. 우리의 지구를 살릴 수 있습니다.

영웅 hero
땅속 in the ground
오염시키다 to pollute
가득하다 to be full
뒷면 the back
양면 both sides
몸살(을) 앓다 to suffer
지구 the earth

2. 환경 보호의 중요성을 알리는 공익 광고를 만들어 보세요.
Create a public service announcement that informs the importance of environmental protection.

1) 광고에 들어갈 내용을 써 보세요.
Write the content of the announcement.

① 아무 생각 없이 종이를 낭비한다.
② 종이를 낭비하면 나무가 사라진다.
③ 이면지를 사용해야 한다.

①
②
③

2) 광고에 들어갈 표어를 만들어 보세요.
Make a motto for the announcement.

한 장이 아닙니다. 두 장입니다.

3) 표어와 내용을 잘 표현할 수 있는 공익 광고 대본을 만들어 보세요.
Create a public service presentation that expresses the motto and contents well.

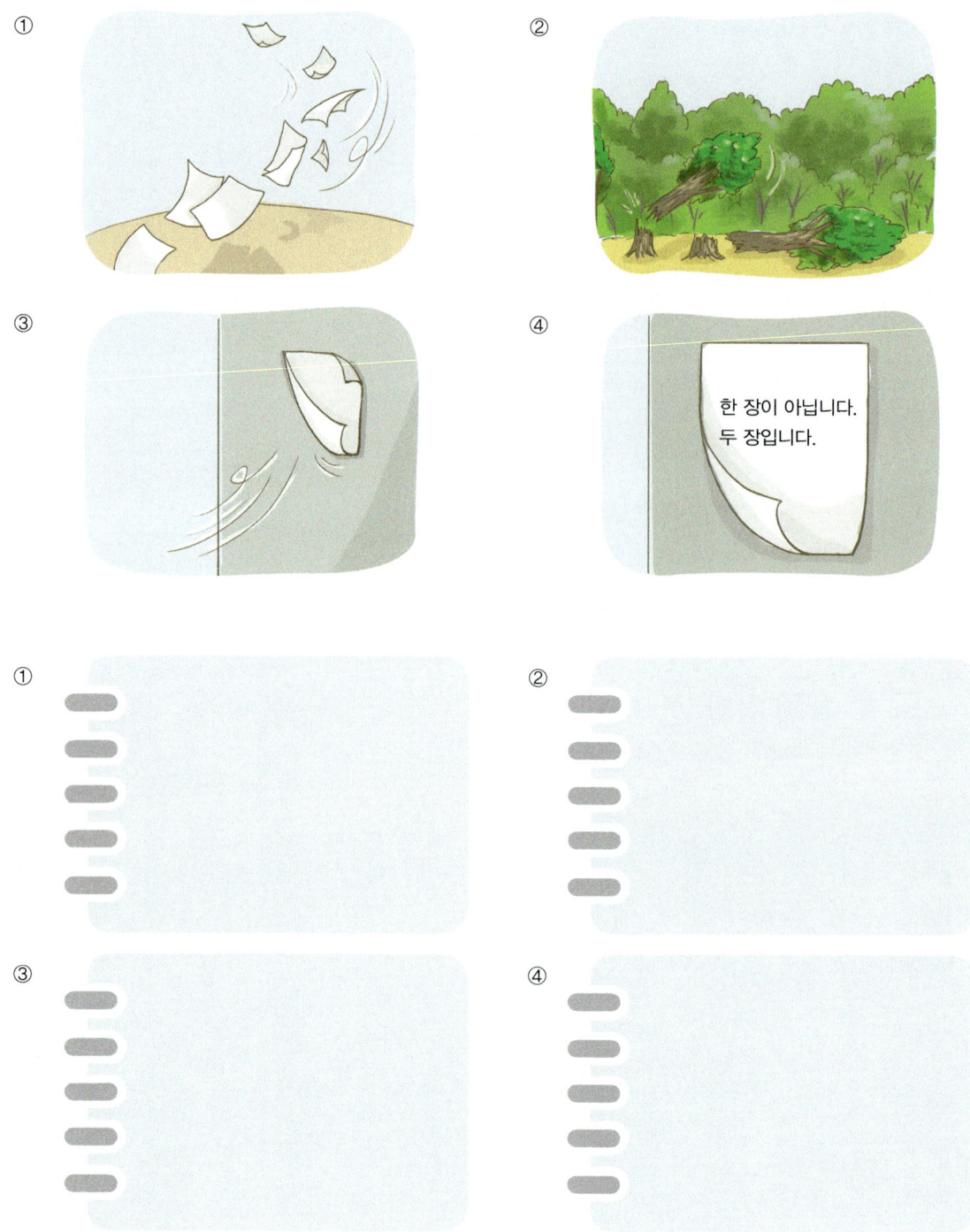

Conversation

❶

A　Look at this newspaper article. It's not called Daegu apples anymore, but Yeongwol apples now.

B　I read that article too. It says that Daegu used to be where the most apples were produced, but because of the weather now, it's become hard to grow apples in Daegu.

A　Seeing that the weather is gradually getting warmer because of global warming, the fruit cultivation areas can only move north.

B　I know. During the summer vacation, I went to Jeju Island and the Jeju hairtail were hard to find.

A　They say that due to the abnormal climate, since the seawater temperature rose, the hairtail also moved north in accordance with the temperature.

B　If this goes on, then the fruit and fish we ate when we were young will all wind up being imported.

A　That's what I'm saying. These problems are all because of the environment becoming polluted.

B　Yeah. If the environment keeps getting polluted like this, we could even be hit with a terrible disaster such as the ones we see in the movies.

❷

A　It's really hot today. Has summer begun already?

B　I saw the news, and they say it's abnormally high temperature. And last month there was a snow storm……．

A　This is all because of global warming. If this keeps up, the four seasons are going to disappear.

B　That's what I'm saying. They say the summers are gradually getting longer. On top of that, because of the heavy rain or snow, more and more people are being affected.

A　I know. That's why I'm saying we need to stop global warming before more people are affected.

B　But it seems that there're still many people who aren't aware of the severity of the environmental problem. It's only if we all protect the environment that we can stop global warming

A　That's what I'm talking about. By the way, why don't you carry around a cup for the love of the earth like I do, So-yeong?

B　Sure. Starting from tomorrow, I'll also have to carry around a cup for the earth and all of us.

8과　환경 오염과 환경 보호 Environmental Pollution and Protection

Vocabulary

대기 오염 air pollution
토양 오염 soil pollution
수질 오염 water pollution
온실가스 greenhouse gas
매연 exhaust gas
폐수 wastewater
합성 세제 synthetic detergent
화학 비료 chemical fertilizer
일회용품 disposable products

농약 pesticide
이상 기후 abnormal climate
지구 온난화 global warming
쓰레기를 분리 배출하다 to separate and dispose of trash
일회용품 사용을 줄이다 to reduce use of disposable products
친환경 제품을 구입하다 to purchase environmentally-friendly products
폐품을 재활용하다 to recycle waste
자원[에너지]을 절약하다 to conserve natural resources [energy]

Grammar Review

1. V–다 보니까

A 종이컵도 있는데 쓸 때마다 컵을 닦는 게 귀찮지 않아?
B 처음에는 귀찮았는데 _____ 익숙해지더라고.

2. V–다가는

A 문을 열어 놓은 채로 에어컨을 켜 놓았네요.
B 그러게요. 이렇게 전기를 _____ 정말 전기가 필요할 때 못 쓰게 될지도 몰라요.

3. V–고 말다

A 올해는 비가 너무 많이 온다.
B 그러게. 이렇게 계속 비가 오다가는 길이 다 _____.

4. A/V–아야/어야

A 소영 씨는 왜 친환경 제품만 사용해요?
B 친환경 제품을 _____ 지구 온난화를 막을 수 있잖아요.

모범답안
1. 쓰다 보니까
2. 낭비하다가는
3. 잠기고 말 거야
4. 사용해야

9 과거와 현재
Past and Present

You will be able to
introduce famous places.
describe cityscapes.

Vocabulary

1. 다음은 건물을 묘사할 때 자주 사용되는 어휘와 표현입니다.
   여러분이 본 한국의 옛 건물을 묘사해 보세요.
   The following are words and phrases that are often used when describing buildings. Describe the ancient Korean buildings that you have seen.

자연과 조화를 이루다

그림 같다

정교하다

한국적이다

고풍스럽다

웅장하다

으리으리하다

균형미가 있다

우아하다

이국적이다

품위가 있다

2. 다음은 도시의 모습을 묘사할 때 자주 사용되는 표현입니다.
   여러분이 살고 있는 도시의 모습을 묘사해 보세요.
   The following are phrases that are often used when describing the look of a city. Describe the look of the city where you live.

현대적이다

고층 건물이 즐비하다

세련되다

활기가 넘치다

사람들로 북적이다[붐비다]

거리[도시]가 변화하다

가로수가 늘어서 있다

불빛이 화려하다

Conversation 1

A 여러분, 안녕하세요? 창덕궁을 찾아 주신 여러분을 환영합니다. 오늘 여러분과 한 시간 동안 창덕궁을 둘러보려고 합니다. 우선 창덕궁이 언제 지어졌는지 아시는 분이 계십니까?

B 글쎄요.

A 창덕궁은 지금으로부터 약 600년 전인 1405년에 지어졌습니다. 조선 시대에 많은 궁궐이 있었는데요. 창덕궁은 조선의 궁궐 중에서 가장 오랜 기간 동안 왕들이 지냈던 곳입니다. 창덕궁 안에서 가장 유명한 장소가 어디인지 아십니까?

B 정말 아름다운 후원이 있다던데요.

A 네, 잘 알고 계시네요. 창덕궁 후원이야말로 가장 한국적인 아름다움을 지닌 정원입니다. 후원에는 숲과 연못, 그리고 정자들이 조화를 이루고 있는데요. 창덕궁은 이렇게 자연과 조화를 이루고 있을 뿐만 아니라 고풍스러운 모습을 가장 잘 보존하고 있기 때문에 1997년에 유네스코 세계 유산으로 지정되었습니다.

창덕궁 Changdeok Palace
둘러보다 to look around
조선 시대 Joseon Dynasty
궁궐 palace
후원 back garden
정자 pavilion
보존하다 to preserve
유네스코 세계 유산 UNESCO World Heritage
지정되다 to be designated

조선의 궁궐 Palaces of the Joseon Dynasty

Seoul holds a total of five palaces built during the Joseon Dynasty: Gyeongbok Palace in the north, Changdeok Palace and Changgyeong Palace in the east, and Deoksu Palace and Gyeonghui Palace in the west. Gyeongbok Palace is the very first palace built by King Taejo Yi Seong-gye after he established Joseon. Changdeok Palace, which was built next, is the palace that has been best preserved in its original form of all the Joseon palaces. Changgyeong Palace, which was built third, is the quaint palace that was constructed so that the Empress Dowager of the royal family could live comfortably. Deoksu Palace is the palace where Kings Seonjo and Gojong stayed. Meanwhile, the lastly built palace, Gyeonghui Palace, was damaged in the present, so its original form could not be restored.

다음과 같이 이야기해 보세요.
Practice the conversation as follows.

 서울의 창덕궁이 정말 아름답다던데요.

 그렇습니다. 창덕궁이야말로 자연과 조화를 이루고 있을 뿐만 아니라 고풍스러운 모습을 보존하고 있는 아름다운 궁궐입니다.

프랑스 베르사유 궁전
우아하다 / 으리으리하다

태국 왕궁
이국적이다 / 품위가 있다

인도 타지마할
웅장하다 / 균형미가 있다

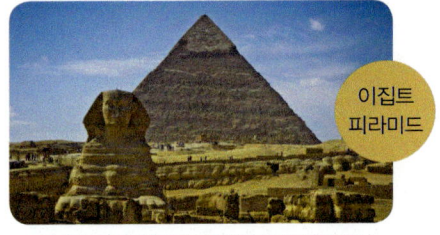
이집트 피라미드
?

베르사유 궁전 Palace of Versailles
왕궁 Grand Palace
타지마할 Tāj Mahal

Grammar Points

A/V-(으)ㄹ 뿐만 아니라, N뿐만 아니라

'-(으)ㄹ 뿐만 아니라' is used when expressing that the mentioned subject has the previous characteristic in addition to the following characteristic.

- 다나카 씨는 매운 한국 음식도 잘 먹을 뿐만 아니라 한국말도 잘해요.
- 다음 학기 등록금을 벌기 위해 주말뿐만 아니라 주중에도 아르바이트를 하고 있다.

N(이)야말로

'N(이)야말로' is used when emphasizing the subject and expressing that the subject is special compared to anything else.

- 너야말로 이 일에 가장 잘 맞는 사람이야.
- 삼겹살이야말로 외국인들이 가장 좋아하는 한국 음식입니다.

Conversation 2

A 서울은 어때? 우리가 드라마에서 본 것처럼 고층 건물이 즐비하고, 거리는 차와 사람들로 북적이는 곳이야?

B 글쎄. 처음엔 나도 서울이 다른 대도시들과 비슷하다고 생각했거든. 그런데 광화문 광장이라는 곳에 가 보고 나서 생각이 바뀌었어.

A 어떻게?

B 고층 건물이 늘어서 있는 사이로 산이 보이고 그 앞에 조선 시대의 궁궐이 있어. 전통적인 고궁과 현대적인 도심의 모습이 어찌나 아름답게 조화를 이루고 있던지 그림 같았어. 서울의 특징은 전통과 현대가 조화를 이루고 있다는 점인 것 같아.

A 네 말을 들으니까 서울에 더 가고 싶어진다.

B 그래. 다음에 꼭 같이 오자. 내일은 숭례문 쪽으로 가 보려고 해. 그쪽은 어떤 모습일지 정말 기대가 되거든.

대도시 major city; metropolis
광화문 광장 Gwanghwamun Plaza
고궁 ancient palace
도심 downtown
숭례문 Sungnyemun (Namdaemun)

사대문과 사소문 The Four Great Gates and the Four Small Gates

In ancient Seoul, there were four great gates and four small gates centered on Gyeongbok Palace. Heunginji-mun (Dongdaemun) to the east, Donui-mun (Seodaemun) to the west, Sungnye-mun (Namdaemun) to the south, and Sukjeong-mun (Bukdaemun) to the north were called the four great gates. The four small gates were located between the great gates: Gwanghui-mun (Namsomun) was between Heunginji-mun and Sungnye-mun; Soui-mun (Seosomun) was between Sungnye-mun and Donui-mun; Changui-mun (Buksomun) was between Donui-mun and Sukjeong-mun; and Hyehwa-mun (Dongsomun) was between Sukjeong-mun and Heunginji-mun.

다음과 같이 이야기해 보세요.
Practice the conversation as follows.

 서울은 어떤 곳이야?

 전통적인 고궁과 현대적인 도심의 모습이 어찌나 아름답게 조화를 이루고 있던지 그림 같았어. 서울의 특징은 전통과 현대가 조화를 이루고 있다는 점인 것 같아.

서울 — 전통과 현대가 조화를 이루고 있다

로마 — 문화유산이 잘 보존되어 있다

시드니 — 세련된 아름다움을 지닌 도시이다

두바이 — 미래의 도시에 온 것 같은 느낌을 준다

문화유산 cultural heritage
두바이 Dubai

Grammar Points

N은/는 A-다는 점이다, N은/는 V-ㄴ다는/-는다는 점이다, N은/는 N(이)라는 점이다

'N은 –다는 점이다' is used when explaining the particular aspect or feature of a noun.
- 이 직업의 장점은 돈을 많이 벌 수 있다는 점이지만 단점은 근무 시간이 길다는 점이다.
- 네 문제는 모든 일을 너무 단순하게 생각한다는 점이야.

어찌나 A/V-던지

'어찌나 –던지' is used when emphasizing that the extent or degree of an action or state of the mentioned subject was great.
- 진호 선배 결혼식에 다녀왔는데 신부가 어찌나 예쁘던지 남자 선배들이 다 부러워하더라.
- 두 살밖에 안 됐는데 어찌나 말을 잘하던지 정말 깜짝 놀랐다니까.

Listening & Speaking

1. 잘 듣고 질문에 답하세요.
Listen carefully and answer the questions.

SB Track 27

1) 이 버스가 정차한 곳이 어디인지 쓰세요.
Write the place where the bus made a stop.

N서울타워 → →

2) 들은 내용과 같으면 O, 다르면 X 하세요.
Mark O if the statement is true and X if it is false.

① 평일에는 명동에 사람들이 별로 없다. ( )

② N서울타워는 예전에 남산타워라고 불렸다. ( )

③ 이태원에는 한국 사람들이 외국인들보다 더 많다. ( )

예전 before ; long ago
이태원 Itaewon

2. 가이드가 되어서 명소를 소개해 보세요.
Become a guide and introduce the attractions.

1) 가이드가 되어서 아래 장소를 소개해 보세요.
Become a guide and introduce the places below.

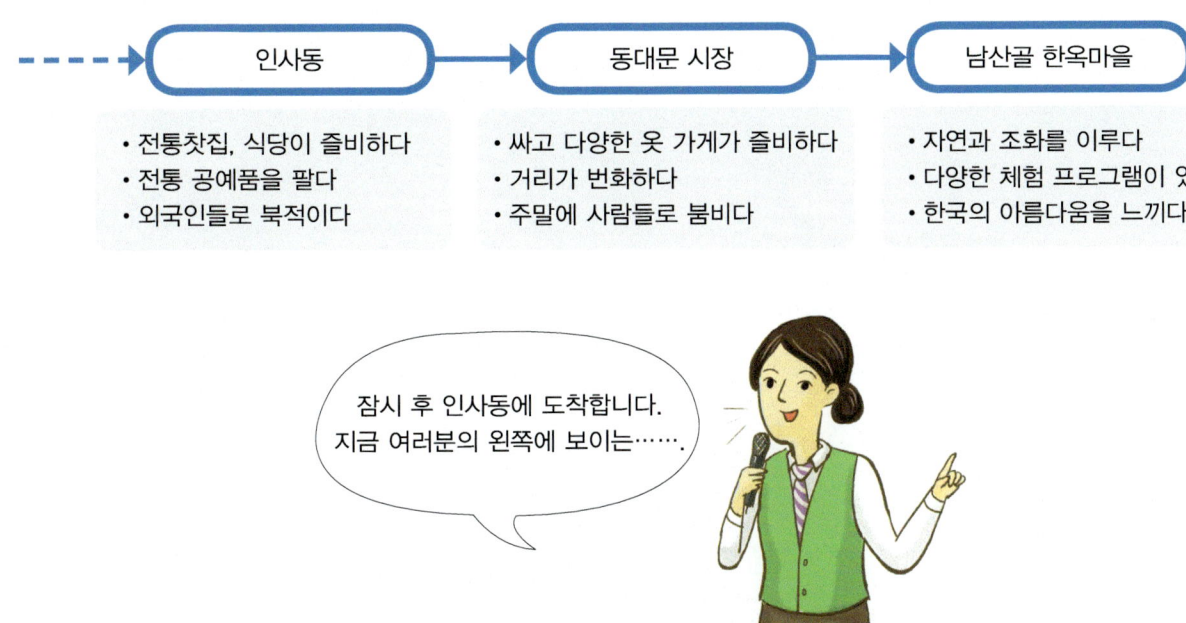

2) 가이드가 되어 여러분 나라의 유명한 장소를 소개해 보세요.
Become a guide and introduce the famous places in your country.

Reading & Writing

1. 다음을 읽고 질문에 답하세요.
Read the following passage and answer the questions.

서울의 도심을 걷다 보면 오래된 궁궐의 문과 마주치게 된다. 고개를 돌릴 때마다 전혀 다른 풍경과 아름다움이 눈과 마음을 사로잡는 도시, 한국의 수도 서울을 완벽하게 즐기려면 놓쳐서는 안 될 명소가 있다.

● 고궁
천 만 인구가 살고 있는 대도시 서울, 그 안에 500여 년 조선의 역사가 있다. 조선의 왕과 가족들이 살았던 궁궐을 걷다 보면 도심 속에서 역사와 문화, 전통과 현대의 아름다운 조화를 느낄 수 있다.

● 한강

한강에서 유람선을 타고 서울을 구경할 수도 있고 한강 다리 위에 있는 카페에 가서 차를 마시면서 한강과 서울의 아름다운 모습을 구경할 수도 있다. 그리고 한강 공원에서 자전거를 타거나 산책을 하면서 서울을 구경하는 것도 좋다.

● 인사동
인사동은 골동품 가게, 전통 공예품 가게, 전통찻집, 한정식집 등이 즐비한 서울의 전통문화의 거리이다. 한국의 전통문화를 체험하고 싶다면 꼭 가봐야 하는 곳이다.

● 청계천

도심의 분주한 거리를 걷다가 청계천 맑은 물에 지친 발을 담그고 잠깐 쉬었다가 갈 수 있다. 광화문에서 동대문까지 흐르는 청계천에는 조선 시대의 유적뿐만 아니라 사랑을 고백할 수 있는 '청혼의 벽'과 서울 시민들의 소망이 쓰여 있는 '소망의 벽' 등 다양한 볼거리가 있다.

마주치다 to come across
사로잡다 to capture; to captivate
명소 attraction
–여 more than
유람선 tour boat
골동품 antique
전통찻집 traditional tea house
분주하다 to be busy
청계천 Cheonggyecheon Stream
담그다 to dip; to immerse
유적 remains; ruins

1) **한강에서 서울을 구경하는 방법 세 가지를 쓰세요.**
Write three ways in which people look around Seoul at the Han River.

① _____

② _____

③ _____

2) **글의 내용과 같으면 O, 다르면 X 하세요.**
Mark O if the statement is true and X if it is false.

① 청계천은 광화문에서 동대문까지 흐른다. ( )

② 서울에서는 전통과 현대의 아름다운 조화를 느낄 수 있다. ( )

③ 인사동 전통문화의 거리에서는 조선 시대의 유적을 볼 수 있다. ( )

2. 여러분 나라의 수도에서 가볼 만한 곳을 소개해 보세요.
Introduce a place that is worth visiting in your country's capital.

1) **명소는 어디입니까? 이곳은 무엇으로 유명합니까?**
Where are the attractions? What are they famous for?

2) 여러분 나라의 수도를 소개하는 글을 써 보세요.
Introduce the capital of your country.

Conversation

❶

A Hello, everyone. All of you who have come to visit to Changdeok Palace, welcome! Today we'll look around the palace for an hour. First, does anyone know when Changdeok Palace was built?

B Well, I don't know.

A Changdeok Palace was built about 600 years ago in 1405. There were many palaces in the Joseon Dynasty. Of all the Joseon palaces, Changdeok Palace was where kings resided for the longest time. Do you know where the most famous spot is in Changdeok Palace?

B They say there's a really beautiful back garden.

A Yes, you're well aware of it. Huwon Garden is the one that holds the most Korean beauty. In the back garden, there are woods and lotus ponds, and the pavilions are in harmony with each other. Because the Changdeok Palace not only exists harmoniously with nature but also preserves its antique image best, it was designated as a UNESCO World Heritage site in 1997.

❷

A What's Seoul like? Is it like how we've seen it in the dramas, where there're rows of skyscrapers and streets packed with cars and people?

B Well. At first I also thought Seoul was similar to other major cities. But after going to a place called Gwanghwa-mun plaza, I changed my mind.

A How?

B Between the rows of skyscrapers, you can see the mountains, and in front of them, there is a Joseon Dynasty palace. The look of the ancient palace and modern metropolis are in such beautiful harmony that it's like a painting! I think the special feature of Seoul is the harmony between tradition and modernity.

A Listening to you makes me want to go to Seoul even more.

B Sure. Definitely come with me next time. Tomorrow I'm planning to go over toward Sungnyemun. I really can't wait to see what it will look like over there.

Vocabulary

자연과 조화를 이루다 to be in harmony with nature
그림 같다 to be like a picture
정교하다 to be elaborate
한국적이다 to be Korean
고풍스럽다 to be antique; to be vintage
웅장하다 to be grand; to be majestic
으리으리하다 to be imposing; to be grand
균형미가 있다 to be beautifully balanced
우아하다 to be elegant
이국적이다 to be exotic

품위가 있다 to be dignified
고층 건물이 즐비하다 to have rows of skyscrapers
현대적이다 to be modern
세련되다 to be refined
불빛이 화려하다 to be brightly lit
사람들로 북적이다[붐비다] to be packed [crowded] with people
거리[도시]가 번화하다 to have a busy street [city]
활기가 넘치다 to be full of life
가로수가 늘어서 있다 to be lined with trees

Grammar Review

1. A/V-(으)ㄹ 뿐만 아니라, N뿐만 아니라

A 서울 여행은 어땠어요?
B 옛날 건축물이 많이 남아 있어서 서울의 _____ 과거까지 볼 수 있었어요.

2. N(이)야말로

A 가장 한국적인 궁궐이 창덕궁이라면서요?
B 맞습니다. _____ 가장 한국적인 아름다움을 지닌 궁궐입니다.

3. N은/는 A-다는 점이다, N은/는 V-ㄴ다는/-는다는 점이다, N은/는 N(이)라는 점이다

A 창덕궁의 _____ 것 같아.
B 맞아, 정말 건축물과 자연이 하나인 것 같아.

4. 어찌나 A/V-던지

A 주말에 어디 갔다 왔어?
B 명동에 갔는데 _____ 쇼핑도 제대로 못하고 왔어.

모범답안
1. 현재뿐만 아니라
2. 창덕궁이야말로
3. 특징은 건축물이 자연과 조화를 이루고 있다는 점인
4. 어찌나 사람들로 붐비던지

부록
Appendix

1과 소문과 뉴스

1. A-다는 N, V-ㄴ다는/는다는 N, N(이)라는 N

'-다는 N' is used when quoting what one learned from what was seen or heard while modifying the following noun.

- 그 사람은 다시 오겠다는 말을 하고 떠났다.
- 소영 씨 아버님이 의사라는 얘기를 들었다.

It is also used when stating one's own thoughts.

- 제주도에 다시 가고 싶다는 생각을 자주 해요.

2. A-다던데요, V-ㄴ다던데요/는다던데요, N(이)라던데요

'-다던데요,' which is a simplified form of '-다고 하던데요,' is used when relaying what one learned from what was seen or heard to others.

- 우빈 씨는 오늘 약속이 있다던데요.
- 소영 씨 동생은 선생님이라던데요.

It is also used when asking for confirmation of what was heard.

- 에밀리는 네가 그 책을 빌려 갔다던데?

3. A-다더라고요, V-ㄴ다더라고요/는다더라고요, N(이)라더라고요

'-다더라고요,' which is a simplified form of '-다고 하더라고요,' is used when recalling what one learned from what was seen or heard.

- 우빈 씨는 오늘 약속이 있다더라고요.
- 소영 씨 동생은 선생님이라더라고요.

4. A-다니까요, V-ㄴ다니까요/는다니까요, N(이)라니까요

'-다니까요' is used when hoping to emphasize what was said once again when the listener reacts with skepticism about what was previously said.

- 여기 냉면이 정말 맛있다니까요.
- 내 얘기가 맞고 네 얘기는 틀렸다니까.

2과 통신과 소통

1. V-았더니/었더니

'-았더니/었더니' is used when expressing that a past fact or situation becomes the cause or reason for what led to the reaction in the subsequent clause.

- 시험공부를 안 했더니 점수가 많이 떨어졌다.
- 약속 시간에 늦었더니 여자 친구가 화를 냈다.

It is also used when expressing the discovery of a new fact or situation that differs from that of the past.

- 4시가 넘어서 은행에 갔더니 벌써 문이 닫혀 있었어요.

The subsequent clause should be in past or present tense.

- 내가 노래를 불러 줬더니 아기가 울었어요.
- 내가 노래를 불러 줬더니 아기가 울어요.

If the subject of the antecedent and subsequent clause is first person, then the subsequent clause generally expresses the speaker's physical condition or mood.

- (내가) 옷을 많이 입었더니 (내가) 너무 덥네요.

2. V-아다가/어다가

'-아다가/어다가' is used when expressing that the end result from a previous action is carried over into the following action.

- 내가 지금 좀 바쁜데 슈퍼에 가서 우유 좀 사다 줄래?
- 주말에는 학교 도서관에서 소설책을 좀 빌려다가 읽었어요.

It is not construed with verbs such as 먹다, 마시다, or 구경하다 which do not leave an end result.

- 식당에서 밥을 먹어다가 학교에 갔다.(×)

3. N(이)나

'N(이)나' is used in conjunction with interrogative pronouns such as '누구, 어디, 언제, and 무엇' when expressing that none of the choices particularly matter. It can be 'all-' or 'every-' depending on the context. '무슨[어느/어떤] N(이)나' can also be used.

- 여기는 누구나 들어갈 수 있어요.
- 중앙 도서관은 언제나 열려 있어요.
- 이 책은 서울 시내 어디에서나 살 수 있습니다.
- 이 가게에서 파는 물건은 무엇이나 다 천 원이에요.
- 내 동생은 무슨 음식이나 다 잘 먹어.

It can only be used in positive sentences and cannot used in negative, imperative, or propositive sentences.

- 여기는 누구나 들어갈 수 없어요.(×)
- 무슨 음식이나 먹자.(×)

It is also used in accordance with other particles in forms such as '언제까지나, 어디에서나, or 누구한테나.'

- 언제까지나 너를 사랑할 거야.
- 누구나 언제나 어디에서나 사랑에 쉽게 빠져요.

4. V-(으)ㄴ 채로

'-(으)ㄴ 채로' is used when expressing that the completed state of an action is maintained. It usually emphasizes that the action in the antecedent clause is uncommon or abnormal.

- 칼리드 씨는 눈을 뜬 채 자고 있는 것 같아요.
- 신발을 신지 않은 채로 걷고 있다.

3과 남자와 여자

1. A/V-기는커녕, N은/는커녕

'-기는커녕' is used when expressing that even a situation easier than the former, which is clearly impossible or difficult, is hard to achieve.

- 시험공부는커녕 아직 숙제도 못 했어.
- 시험공부를 하기는커녕 숙제도 못 했어.

It is used when describing a negative fact.

- 그는 성격이 좋기는커녕 얼굴도 잘생겼다.(×)

Though it is used when contrasting with the former content, it is awkward to use an exact antonym of the preceding noun or adjective.

- 그 사람을 만나기는커녕 못 만났어요.(×)
- 그 사람을 만나기는커녕 이야기도 한번 못 해봤어요.(○)

2. V-기 나름이다

'-기 나름이다' is used when expressing that a situation or result of an action can be different depending on the action.

- 모든 것은 생각하기 나름이다.
- 아이는 부모가 가르치기 나름이다.

3. N에 비해서

'N에 비해서' is used when expressing that when a judgment is based on a comparison with the preceding noun, the result is similar to what follows.

- 그는 나이에 비해서 어려 보인다.
- 남자에 비해 여자가 더 섬세하다.

4. A-(으)ㄴ 반면에, V-는 반면에

'-(으)ㄴ 반면에' is used when expressing that the latter content is contrary to that of the former.

- 그는 키가 작은 반면에 농구를 잘한다.
- 언니가 키가 작은 반면 동생은 커요.

4과 개인과 공동체

1. A/V-(으)ㄹ지도 모르다

'-(으)ㄹ지도 모르다' is used when forming a conjecture

that a situation may still arise although the possibility of it occurring is slim.
- 약이 좀 쓸지도 모르겠어요.
- 민수 씨는 매운 음식을 못 먹을지도 몰라요.

'-았을지도/었을지도 모르다' is used when expressing an assumption about a past event.
- 민수 씨는 어제 바빠서 못 왔을지도 몰라요.

'N일지도 모르다' is used in conjunction with nouns.
- 박 선생님이 무서워 보이지만 따뜻한 사람일지도 모르겠어요.

2. A/V-더라도

'-더라도' is used when expressing that the situation in the subsequent clause occurs regardless of the situation or fact in the antecedent clause.
- 아침을 먹기 싫더라도 건강을 위해 꼭 먹어야 한다.
- 노래를 잘 못 하더라도 노래 동호회에 가입할 수 있어요.

3. A/V-(으)ㄹ 정도

'-(으)ㄹ 정도' is used when emphasizing the potential degree of any state or situation.
- 교실이 너무 추워서 손이 얼 정도예요.
- 강당에 사람이 너무 많아서 앉을 자리가 없을 정도였어요.

'-(으)ㄹ 정도로' is used when pre-modifying an adjective or verb.
- 손이 얼 정도로 교실이 추워요.

4. A/V-(으)ㄹ 리가 없다

'-(으)ㄹ 리가 없다' is used when expressing the improbability of a situation or the speaker's strong suspicion about an unbelievable situation.
- 연습을 안 했는데 기타를 저렇게 잘 칠 리가 없어.
- 소금을 조금만 넣었는데 국이 짤 리가 없어요.

'-았을/었을 리가 없다' is used when expressing past events.
- 크리스가 노래방에 갔을 리가 없어요. 어제 전화했을 때 아프다고 했거든요.

'N일 리가 없다' is used in conjunction with nouns.
- 저 사람이 동생일 리가 없어.

5과 취업과 직장

1. A/V-지 않을까 싶다

'-지 않을까 싶다' is used when euphemistically expressing the speaker's thoughts or opinions.
- 이번 일로 문제가 더 커지지 않을까 싶다.
- 너한테는 이 옷이 더 어울리지 않을까 싶어.

2. A-(으)ㄴ 면이 있다, V-는 면이 있다

'-(으)ㄴ 면이 있다' is used when expressing that the mentioned subject has a certain aspect or characteristic among many.
- 마라톤은 인생과 비슷한 면이 있는 것 같다.
- 이 직업이 내 적성에 맞지 않는 면이 있다.

3. A/V-았으면/었으면 하다

'-았으면/었으면 하다' is used when expressing the speaker's strong hope or wish for an event.
- 부모님께서는 내가 의사가 되었으면 하신다.
- 비가 좀 그쳤으면 했는데 오늘도 비가 오네요.

However, it cannot be used for absolutely infeasible events.
- 시간을 되돌렸으면 합니다.(×)

4. V-다 보면

'-다 보면' is used when expressing that if the subject continues an action such as the one in the antecedent clause, a result such as the one in the subsequent clause will arise.

- 매일 발음 연습을 하다 보면 발음이 좋아질 거예요.
- 게임을 하다 보면 시간 가는 것도 모르고 계속 하게 된다.

6과 사고와 처리

1. A/V-길래

'-길래' is used when expressing that what the speaker observed or experienced becomes the cause, reason, or basis for the action that the speaker takes in the subsequent clause.

- 꽃이 예쁘길래 하나 샀어요.
- 친구가 이 버스를 타길래 나도 탔어.

It cannot modify first-person clauses.

- 내가 너무 피곤하길래 늦잠을 잤어.(×)
- 내가 너무 피곤해서 늦잠을 잤어.(○)

The speaker should be the subject of the subsequent clause because the sentence means that the speaker took an action due to what was observed or experienced.

- 사과가 맛있어 보이길래 친구가 사 왔어.(×)
- 사과가 맛있어 보이길래 사 왔어.(○)

It is mainly used when speaking, while '-기에' is used in writing.

2. V-는 바람에

'-는 바람에' is used when expressing that a previous action has a negative effect on the following situation or that the result is different from the speaker's expectation.

- 버스를 놓치는 바람에 약속에 늦었다.
- 친구가 갑자기 우는 바람에 나도 울었다.

3. A/V-아/어 가지고

'-아/어 가지고' is used when expressing that the following action is taken after the previous action is done or that the former state or action is the cause or reason for the latter situation. It is used when emphasizing '-아서/어서.'

- 어제는 너무 바빠 가지고 연락을 못 했어.
- 요즘 잠을 못 자 가지고 입맛이 없어요.

As it is an emphasis of '-아서/어서,' it can be substituted for '-아서/어서' when signifying a reason or cause for a situation or a link between sequential events.

- 옷이 작아 가지고 불편하다.
  (=옷이 작아서 불편하다.)
- 김밥을 사 가지고 집에 갔다.
  (=김밥을 사서 집에 갔다.)

4. A/V-(으)ㄹ 수밖에 없다

'-(으)ㄹ 수밖에 없다' is used when expressing that there is no other possibility or means besides what is mentioned.

- 설탕 대신 소금을 넣었으니까 짤 수밖에 없지.
- 이렇게 비가 쏟아지면 길이 막힐 수밖에 없어요.

7과 가족과 사회

1. N에 의하면

'N에 의하면' is used when speaking based on a certain situation or criterion or attributing information to a source.

- 설문 조사 결과에 의하면 외국인이 가장 좋아하는 한국 음식은 불고기인 것으로 나타났다.
- 서울시의 발표에 의하면 다음 달부터 택시 기본요금이 600원 오른다고 한다.

'N에 따르면' can be substituted for 'N에 의하면.'

- 서울시의 발표에 따르면 다음 달부터 택시 기본요금이 600원 오른다고 한다.

2. N(으)로 인해

'N(으)로 인해' is used when expressing the cause or reason for a situation or incident.

- 태풍으로 인해 도로가 잠겼다.
- 화재로 인해 큰 부상을 당했다.

It can be substituted for 'N(으)로.'

- 태풍으로 도로가 잠겼다.

3. V-는 데

'-는 데' is used when expressing a certain event or situation.

- 사람이 사랑에 빠지는 데에 특별한 이유가 있나요?
- 그 사람은 오직 취직하는 데에만 관심이 있는 것 같다.

It is also used when expressing a certain location or scenario. In this case, adjectives as well as past and future tense verbs can be used.

- 그는 기댈 데가 전혀 없는 외로운 사람이다.
- 배 아픈 데 먹는 약 있어요?

4. V-(으)ㅁ으로써

'-(으)ㅁ으로써' is used when expressing a tool, means, method, or cause by which an action is done.

- 인터넷이 발달함으로써 우리의 삶이 매우 편리해졌다.
- 우리는 책을 읽음으로써 간접 경험을 쌓는다.

8과 환경 오염과 환경 보호

1. V-다 보니까

'-다 보니까' is used when expressing that the a new fact is realized or a certain situation is reached from the process in which an action or phenomenon such as the one in antecedent clause takes place.

- 한국어를 공부하다 보니까 우리나라 말과 비슷한 점이 많다는 것을 알게 됐다.
- 아파트 값이 오르다 보니까 전세를 구하는 사람들이 늘고 있다.

It can be substituted for '-다 보니', '-다가 보니', '-다가 보니까.'

- 한국어를 공부하다 보니 우리나라 말과 비슷한 점이 많다는 것을 알게 됐다.

2. V-다가는

'-다가는' is used when expressing that if the subject continues an action such as the one in the previous clause, a negative or unexpected result will follow afterwards.

- 쉬지 않고 일만 하다가는 건강이 나빠질 거야.
- 부모님의 말씀을 안 듣다가는 후회하게 될 거예요.

3. V-고 말다

'-고 말다' is used when expressing regret that an undesirable event ultimately occurred or a task was accomplished with great difficulty.

- 아끼던 시계를 잃어버리고 말았다.
- 회사가 망하고 말았습니다.

It can also be used when expressing the speaker's strong will to accomplish a certain task. In this case, the subject should be first person.

- 다음 경기에서는 꼭 이기고 말겠습니다.

4. A/V-아야/어야

'-아야/어야' is used when expressing that the previous fact or state is a prerequisite for the following situation.

- 열심히 공부해야 서울대학교에 들어갈 수 있어.
- 잘 자고 잘 쉬어야 스트레스가 풀릴 거예요.

9과 과거와 현재

1. A/V-(으)ㄹ 뿐만 아니라, N뿐만 아니라

'-(으)ㄹ 뿐만 아니라' is used when expressing that the

mentioned subject has the previous characteristic in addition to the following characteristic.

- 이 식당은 음식이 맛있을 뿐만 아니라 가격도 싸요.
- 내일은 비가 많이 올 뿐만 아니라 바람도 강하게 불겠습니다.

2. N(이)야말로

'N(이)야말로' is used when emphasizing the subject and expressing that the subject is special compared to anything else.

- 제주도야말로 한국에서 가장 유명한 관광지입니다.
- 부모님이야말로 나를 가장 아껴 주시는 분이시지.

3. N은/는 A-다는 점이다, N은/는 V-ㄴ다는/-는다는 점이다, N은/는 N(이)라는 점이다

'N은 -다는 점이다' is used when explaining the particular aspect or feature of a noun.

- 지금 가장 중요한 문제는 이 일을 해결할 시간이 부족하다는 점이다.
- 나의 단점은 고집이 너무 세다는 점이다.

4. 어찌나 A/V-던지

'어찌나 -던지' is used when emphasizing that the extent or degree of an action or state of the mentioned subject was great.

- 어젯밤에 어찌나 덥던지 한숨도 못 잤어.
- 외국인인데 어찌나 한국어를 잘하던지 한국 사람이라고 해도 믿겠더라.

1과 소문과 뉴스
SB Track 03

1. 잘 듣고 질문에 답하세요.

남자 소영 씨, 네 살짜리 아이가 시장이 됐다는 소식 들었어요?
여자 정말요? 네 살짜리 아이가 시장이 됐다고요?
남자 그렇다니까요. 저도 오늘 인터넷에서 그 기사를 보고 깜짝 놀랐어요.
여자 에이, 그냥 헛소문 아니에요? 요즘은 헛소문인데 그걸 기사로 만드는 경우도 있잖아요.
남자 정말이라니까요. 해외 토픽에 올랐다니까요. 소영 씨도 쉽게 찾아볼 수 있을 거예요.
여자 그 기사가 사실이라면 정말 해외 토픽에 오를 만하네요. 네 살짜리 아이가 시장이 되다니. 그 아이에게 무슨 특별한 능력이 있나 보죠?
남자 그건 아니고요. 기사를 읽어 보니까 사람들이 그 아이를 시장으로 뽑은 것이 아니라 제비뽑기로 된 거래요.
여자 제비뽑기요?
남자 네. 그 마을에서는 1년에 한 번씩 마을 사람들이 모두 모인대요. 그리고 제비뽑기를 해서 시장을 뽑는대요.
여자 제비뽑기로 시장을 뽑다니. 정말 재미있는 마을이네요.

2과 통신과 소통
SB Track 06

1. 잘 듣고 질문에 답하세요.

남자 네, 들어오세요.
여자 교수님, 안녕하세요?
남자 어서 와. 여기 앉지. 그래, 요즘 어떻게 지내나?
여자 네. 염려해 주신 덕분에 잘 지내고 있어요.
남자 초등학생들 가르치는 게 쉽지 않지? 수업이 너무 많아서 힘들다더니 요즘은 어때?
여자 네. 교장 선생님께 좀 힘들다고 말씀드렸더니 수업을 줄여 주셨어요. 저, 교수님, 다름이 아니라 부탁드릴 게 있어서 왔는데요.
남자 그래? 뭔데?
여자 내년에 고향에 돌아가서 대학원에 지원하고 싶어서요. 학생들을 가르치면서 공부를 더 해야겠다는 생각이 들었어요.
남자 공부를 더 한다는 건 아주 반가운 일이군.
여자 네. 그런데요, 교수님, 대학원에 지원하려면 교수님의 추천서가 필요해서요.
남자 그래? 언제까지 쓰면 되지?
여자 원서 접수 마감이 다음 달 5일이니까 그 전까지만 해 주시면 될 것 같아요. 제가 자기 소개서를 이메일로 보내 드릴게요. 그리고 입학 원서에 교수님 이메일을 등록하면 곧 학교에서 교수님께 이메일로 연락드릴 거예요.
남자 그래. 알겠네.
여자 고맙습니다. 참, 교수님, 이거 한번 드셔 보세요. 딸기 케이크인데요, 제가 만든 거예요.
남자 그래? 그럼 특별히 더 맛있겠군. 고마워. 잘 먹을게.
여자 미국에 가기 전에 한번 찾아뵐게요. 안녕히 계세요.

3과 남자와 여자
SB Track 09

1. 잘 듣고 질문에 답하세요.

여자 아까부터 뭘 보면서 웃는 거야? 인터넷에 뭐 재미있는 거라도 올라왔어?
남자 네, 누나. 이거 좀 보세요. 친구가 블로그에 올린 거예요.
여자 뭔데?
남자 요즘 유행하는 남자와 여자 유머 시리즈인데 정말 재미있어요.
여자 그래?
......
이게 뭐야. 재미있기는커녕 짜증 난다.
남자 뭐가요? 저도 친구들이랑 여자에 대해 얘기할 때 제일 먼저 예쁘냐고 물어보는데요. 소개팅했다고 해도 "예쁘냐?", 애인 생겼다고 해도 "예쁘냐?", 그렇게 물어봐요. 근데 여자들은 뭐가 저렇게 복잡해요?
여자 복잡한 게 아니라 섬세한 거야. 하긴 남자인 네가 뭘 알겠니? 너희 남자들이 단순한 반면 우리 여자들은 정말 섬세하거든.
남자 단순하다니요! 변덕이 심한 여자들에 비해 일관성이 있는 거죠.
여자 뭐라고? 그래, 생각하기 나름이니까, 뭐. 그냥 마음이 넓은 내가 이해해야지.

4과 개인과 공동체   SB Track 12

1. 잘 듣고 질문에 답하세요.

남자   여보세요?
여자   주인아저씨, 안녕하세요? 303호에 사는 학생인데요. 지금 잠깐 통화 괜찮으세요?
남자   아, 네. 무슨 일이죠?
여자   제가 지난주에 세면대가 막혀서 좀 고쳐 달라고 말씀 드렸는데요. 벌써 나흘이 넘었는데도 연락이 없으셔서 전화 드렸어요. 세면대를 못 쓰니까 세수할 때마다 너무 불편해요.
남자   그거요? 전화 받은 다음 날에 고치러 갔었는데 아무도 없어서 그냥 왔어요.
여자   그럴 리가 없는데요. 전화 드린 다음 날이라면 지난주 토요일 말씀이시죠? 저 그날 하루 종일 집에 있었는데 이상하네요. 몇 시쯤에 오셨는데요?
남자   저녁 8시쯤에 갔어요. 화장실이니까 빨리 고쳐야 할 것 같아서 좀 늦은 시간이지만 갔거든요. 초인종을 눌러도 대답이 없었어요. 창문을 보니 불이 꺼져 있더라고요.
여자   아, 잠깐 집 앞 편의점에 갔을 때 왔다 가셨나 봐요. 우유만 사고 금방 돌아왔는데……. 언제쯤 다시 올 수 있으세요? 빨리 고쳤으면 좋겠는데요. 날씨가 더우니까 악취가 심해서 머리가 아플 정도예요.
남자   알겠어요. 그럼 내일 오후에 갈게요. 내일 오후에 집에 있을 거예요?
여자   네. 2시 이후에는 집에 있을 거예요. 근데 좀 늦을 지도 모르니까 오시기 전에 전화 좀 해 주세요.
남자   그래요. 2시쯤 전화할게요.
여자   네. 감사합니다.

5과 취업과 직장   SB Track 15

1. 잘 듣고 질문에 답하세요.

여자   파비앙, 궁금한 게 좀 있는데.
남자   응. 궁금한 게 뭔데?
여자   나도 너처럼 프랑스에서 요리를 공부해 보고 싶은데 네 생각은 어때?
남자   아, 그래? 지금 다니는 회사는 어떡하고?
여자   일이 적성에 안 맞아서 그만두고 싶어. 그리고 다른 일을 해 보고 싶은데, 내가 전부터 프랑스 요리에 관심이 있었거든. 네가 대학에서 전공했으니까 잘 알 것 같아서 물어보는 거야.
남자   넌 프랑스어를 잘하니까 괜찮지 않을까 싶어. 그럼 유학 준비는 언제부터 시작할 거야?
여자   학교는 지금부터 알아봐야 하고 프랑스어 시험도 조금씩 준비하려고 해. 나중에 지원서 쓸 때 도와줄 수 있어?
남자   그럼. 궁금한 것이 있으면 뭐든지 물어봐. 근데 공부 마치면 한국에 돌아올 거야?
여자   글쎄. 한국에 돌아올 수도 있지만 할 수만 있으면 프랑스에서 취직했으면 하는데 일자리가 있을까?
남자   아마 있을 거야. 나하고 같이 학교 다니던 친구들이 식당을 운영하고 있으니까 필요하면 나중에 소개해 줄게.
여자   정말? 고마워.

6과 사고와 처리   SB Track 18

1. 잘 듣고 질문에 답하세요.

여자   여보세요?
남자   민아, 너 괜찮은 거야? 많이 다친 거 아니야?
여자   아빠, 아니에요, 괜찮아요. 많이 다치지 않았어요.
남자   다리가 부러져서 깁스까지 했다면서? 엄마한테 듣고 얼마나 놀랐는지 알아?
여자   걱정 끼쳐 드려 죄송해요. 그냥 오토바이에 살짝 치이는 가벼운 사고였어요. 깁스도 2주 후에는 풀 수 있대요.
남자   2주나? 어휴, 도대체 어떻게 하다 사고가 난 거야?
여자   학교 안에서 길을 건너다가요.
남자   그럼 오토바이가 오는 걸 못 본 거야?
여자   네. 그날 늦게 일어나는 바람에 수업에 늦어 가지고 정신없이 뛰느라고요.
남자   그래도 오토바이 소리가 들렸을 거 아니야?
여자   갑자기 오토바이가 튀어나오는 바람에 피할 수가 없었어요.
남자   조심 좀 하지.
여자   죄송해요, 아빠. 앞으로 정말 조심할게요.
남자   그리고, 사고가 난 지 일주일이 지났는데 왜 그동

	안 아무 말도 안 한 거야? 사고 처리도 혼자 다 했다면서?
여자	말씀 드리면 많이 걱정하실 것 같아서 그럴 수밖에 없었어요.
남자	그래도 말을 해야지. 너 유학 보내 놓고 우린 매일 네 걱정뿐인데.
여자	죄송해요, 아빠. 다음부터는 이런 일 없을 거예요. 너무 걱정하지 마세요.

7과 가족과 사회 SB Track 21

1. 잘 듣고 질문에 답하세요.

여자	최근 가족의 형태나 그 의미가 많이 변화하고 있는데요, 청소년들은 가족에 대해 어떻게 생각하고 있을까요? 가족에 대한 청소년들의 의식 조사 결과를 박진수 기자가 자세히 전해 드리겠습니다.
남자	서울시가 만 15세부터 만 24세 남녀 500명을 대상으로 인터넷 설문을 통해 '가족에 대한 청소년의 의식'을 조사했습니다. 그 결과, 부모 부양 문제에 대해 가족이 부모를 돌봐야 한다는 응답은 35.6%로 2002년의 67.1%보다 크게 줄어든 것으로 나타났습니다. 반면 가족과 정부, 사회가 함께 돌봐야 한다는 응답은 50%로 10년 전의 20.5%보다 두 배 정도 증가했습니다. 또 결혼에 대한 질문에는 결혼을 해야 한다는 응답이 54.9%, 해도 되고 안 해도 된다는 응답이 39.8%로 나타났습니다. 또 동거에 대한 질문에는 결혼을 안 하고도 함께 살 수 있다는 응답이 58.4%로 절반을 넘었습니다. 빠르게 핵가족화·고령화가 되고 있는 시대에 살고 있는 지금, 가족에 대한 청소년들의 의식도 시대에 맞게 변화하고 있습니다. SBC 뉴스, 박진수입니다.

8과 환경 오염과 환경 보호 SB Track 24

1. 잘 듣고 질문에 답하세요.

남자	올겨울은 추위도 너무 춥지 않니?
여자	그러게. 요즘은 내가 살고 있는 곳이 서울이 맞나 하는 생각이 들 때가 있을 정도야. 우리가 어렸을 때는 이렇게까지 춥지는 않았던 것 같은데.
남자	이런 이상 기후가 나타나는 원인이 온실가스하고 쓰레기라더라고. 어제 특강을 하나 들었거든.
여자	그렇구나.
남자	응. 특히 쓰레기 문제가 심각한데, 처리하기 어려울 정도로 쓰레기 양이 많다는 것이 제일 심각하대.
여자	그렇겠다. 쓰레기를 태우면 대기 오염이 발생되고 쓰레기를 묻으면 토양을 오염시키는 거니까.
남자	특강에서 공익 광고를 몇 편 봤는데 일회용품을 지나치게 많이 사용하는 게 정말 심각한 문제더라고. 종이컵은 분해되는 데 20년이 걸리고 비닐봉지는 50년, 스티로폼은 500년이나 걸린대.
여자	그러고 보니 벌써 일회용품을 세 개나 썼네. 이것 봐. 이 김밥 도시락은 스티로폼이고, 나무젓가락도 그렇고, 이 컵도 종이컵이고.
남자	김밥이랑 나무젓가락 넣어 온 비닐봉지까지 하면 네 개네.
여자	어머, 그렇구나.
남자	나도 이 샌드위치 케이스랑 우유 팩, 이걸 넣어 온 종이봉투까지 세 개나 썼네, 뭐. 이렇게 아무 생각 없이 함부로 일회용품을 쓰고 버리다가는 더 이상 처리할 수 없을 정도로 쓰레기 양이 늘겠다.

9과 과거와 현재 SB Track 27

1. 잘 듣고 질문에 답하세요.

여자	잠시 후 N서울타워에 도착합니다. 지금 여러분의 왼쪽에 보이는 높은 건물이 N서울타워인데요. 남산 위에 있기 때문에 예전에는 남산타워라고 불렸습니다. N서울타워에는 전망대가 있는데요. 오늘은 날씨가 좋아서 서울 시내를 한눈에 볼 수 있을 것 같습니다. 자, 그럼 버스에서 내리셔서 N서울타워를 구경하시면서 좋은 시간 보내다 오시기 바랍니다. 버스는 이곳에서 한 시간 후에 출발하겠습니다.
	이번에 정차할 곳은 명동입니다. 명동은 여러분도 아시는 것처럼 유명한 식당, 옷 가게, 화장품 가게가 즐비한 곳입니다. 그래서 항상 사람들로 북적이는데요. 특히 주말에는 밥을 먹으려면 1시

간 이상 기다려야 하는 식당들도 많습니다. 그리고 명동에는 유명한 명동 성당이 있는데요. 명동 성당이야말로 한국의 대표적인 성당이라고 할 수 있습니다. 버스에서 내리신 후에 화장품 가게가 늘어선 길을 따라서 쭉 올라가시면 언덕 위에 웅장하고 품위가 있는 커다란 성당 건물이 나옵니다. 그럼 명동 성당의 아름다움을 느끼고 돌아오시기 바랍니다.

잠시 후 이태원에 도착합니다. 이태원은 외국 상품을 파는 가게들뿐만 아니라 외국 식당이 즐비한 장소인데요. 거리에는 한국 사람들보다 외국인들이 더 많습니다. 이국적인 분위기를 느낄 수 있는 특별한 곳이지요. 다양한 문화를 체험해 보시기 바랍니다. 오늘 버스 여행은 여기에서 마치겠습니다. 이용해 주셔서 감사합니다.

모범답안
Answer Key

1과 소문과 소식

Listening & Speaking
1. 1) 네 살짜리 아이가 시장이 됐다는 해외 토픽 기사
   2) ① ○ ② ○ ③ ×

Reading & Writing
1. 1) 시드니에서 만나고 싶어서 편지를 썼다.
   2) ① ○ ② × ③ ×
   3) ① (ㄱ)-ⓐ ② (ㄴ)-ⓓ ③ (ㄷ)-ⓔ ④ (ㄹ)-ⓑ ⑤ (ㅁ)-ⓒ

2과 통신과 소통

Listening & Speaking
1. 1) 추천서를 부탁하기 위해 찾아왔다.
   2) ① ○ ② × ③ ○
2. C, E, A, D

Reading & Writing
1. 1) 사무실에서 인터넷을 마음대로 사용할 수 없게 된다.
   2) 칼리드-반대, 샤오메이-찬성

3과 남자와 여자

Listening & Speaking
1. 1) 예쁘냐?, 예쁘냐?
   2) ① ○ ② ○ ③ ×

Reading & Writing
1. 1) ④, ②, ③

4과 개인과 공동체

Listening & Speaking
1. 1) ③
   2) ① ○ ② ○ ③ ×

Reading & Writing
1. 1) 층간 소음 방문 항의 금지 판결에 대한 기사
   2) ①, ④

5과 취업과 직장

Listening & Speaking
1. 1) 프랑스에서 취직했으면 한다.
   2) ① ○ ② × ③ ○

Reading & Writing
1. 1) 날씨를 분석해 고객에게 쉽고 정확하게 전달한다.
   2) ① × ② × ③ ○

6과 사고와 처리

Listening & Speaking
1. 1) 학교 안에서 길을 건너다가 오토바이에 치이는 사고를 당했다.
   2) ① × ② × ③ ○

Reading & Writing
1. 1)

누가	한 중학생이
언제	오늘 오후
어디서	경기도 여주시 저수지에서
무엇을	썰매를 타다가
어떻게	저수지에 빠지고 말았다
왜	저수지의 얼음이 갑자기 깨지는 바람에

   2) ① × ② ○

7과 가족과 사회

Listening & Speaking
1. 1) 만 15세부터 만 24세 남녀 500명을 대상으로 가족에 대한 청소년의 의식을 조사했다.
   2) ① × ② × ③ ○

Reading & Writing
1. 1) 김치, 비빔밥, 불고기
   2) ① × ② ○ ③ ○

8과 환경 오염과 환경 보호

Listening & Speaking

1. 1) ① 쓰레기　② 지나친 일회용품 사용

Reading & Writing

1. 1) ③　2) ①　3) ②

9과 과거와 현재

Listening & Speaking

1. 1) 명동, 이태원
   2) ① ×　② ○　③ ×

Reading & Writing

1. 1) ① 한강에서 유람선을 타고 구경한다.
      ② 한강 다리 위에 있는 카페에서 구경한다.
      ③ 한강 공원에서 자전거를 타거나 산책을 하면서 구경한다.
   2) ① ○　② ○　③ ×

어휘 색인
Glossary

□, □, □ 순으로 나타나다 to reveal to be in the order of 103
□, □, □ 순이다 to be in the order of 103
A/V-(으)ㄹ 것으로 보이다 to appear to 103
A/V-(으)ㄹ 것으로 전망되다 to be expected to 103
A/V-다고[N(이)라고] 응답하다 to respond by saying 103
N(으)로 나타나다 to reveal to be to come out to be 103
N에 그치다 to be barely 103
N에 달하다 to amount to 103
N에 불과하다 to be merely 103
N에 이르다 to reach 103
N에 지나지 않다 to be no more than 103
N을/를 대상으로 조사하다[조사를 실시하다] to conduct a survey [to carry out a survey] on (someone/something) 103
N을/를 차지하다 to account for 103
N을/를 통해 조사하다[조사를 실시하다] to survey with (someone/something) 103
V-는 경향을 보이다 to show a tendency of 103
V-는 경향이 있다 to have a tendency of 103
V-는 추세이다 to have a trend of 103

ㄱ

가득하다 to be full 124
가로수가 늘어서 있다 to be lined with trees 131
가사 전업 남성 househusband; stay-at-home dad 47
가사와 육아를 분담하다 to divide housework and childcare 47
가사와 육아를 전담하다 to take full charge of housework and childcare 47
(엘리베이터에) 갇히다 to be stuck (in an elevator) 89
갈치 hairtail fish 118
개국 number of countries (counting unit) 110
개인 사정 personal reasons 39
거리[도시]가 번화하다 to have a busy street [city] 131
거봐 see; I told you 48
거실 living room 60
건설 회사 construction company 82
걸음 step 96
검색하다 to search 34
경비실 security office 60
계단 stairs 60
고궁 ancient palace 134
고집이 세다 to be stubborn 46
고층 건물이 즐비하다 to have rows of skyscrapers 131

고통 pain 82
고풍스럽다 to be antique; to be vintage 130
곤란하다 to be difficult 78
골동품 antique 138
(사진을) 공개하다 to make (a photo) public 32
(사진을) 공유하다 to share (a photo) 32
관대하다 to be understanding 46
관리 사무소 management office 60
광산 mine 25
광화문 광장 Gwanghwamun Plaza 134
괴롭히다 to bully 54
구조를 요청하다 to call for help 88
구체적이다 to be specific 48
구하다 to ask (a favor) 62
궁궐 palace 132
권하다 to recommend 82
규정 provisions 78
균형미가 있다 to be beautifully balanced 130
그 밖에 A/V-다는[N(이)라는] 응답도 있다 to also have other responses 103
그림 같다 to be like a picture 130
극복하다 to overcome 82
근무 연차 years of work 78
금지 prohibition 68
급정거(를) 하다 to make a sudden stop 90
기상 이변 unusual weather change 82
기상 컨설턴트 weather consultant 82
기상청 Korea Meteorological Administration; weather service 82
기업체 company 82
기획 plan 107
(무릎이) 까지다 to scrape (one's knee) 89
끝인사 closing remarks 27
(손가락이 문에) 끼다 to catch (one's finger in a door) 89

ㄴ

나다 to produce 118
(댓글을) 남기다 to leave (a comment) 32
낫다 to be better 76
(파일을) 내려받다 to download (a file) 32
내조 support of wife 47
냄새가 나다 to smell 61

156   I Love Korean 6

(길에서) 넘어지다 to fall (on the street) 89
노년층 seniors 106
노인 1인 가구 single-senior household 102
농약 pesticide 116
눈치가 빠르다 to be tactful 46
눈치가 없다 to be tactless 46
눈치채다 to sense 54
뉴스[신문]에 나오다 to come out on the news [in the newspaper] 19
뉴스[신문]에 보도되다 to be reported on the news [in the newspaper] 19
늘어나다 to increase 78
능률 efficiency 40
능통하다 to be proficient 23
늦추다 to put off 39

ㄷ

다문화 가족 multi-cultural family 102
다행히 fortunately 96
닥치다 to hit; to come near 118
단순하다 to be simple 46
(댓글을) 달다 to post (a comment) 32
담그다 to dip; to immerse 138
담배 연기가 올라오다 to have a cigarette smoke come up 61
당시 at that time 25
대가족 extended family 102
대기 오염 air pollution 116
대도시 major city; metropolis 134
대중문화 popular culture 110
대화가 단절되다 to have a conversation cut-off 33
대화가 안 되다 to be unable to have a conversation with someone 33
대화[말]가 통하다 to understand each other 33
도배 wallpapering 64
도시화 urbanization 104
도심 downtown 134
독서 치료사 bibliotherapist 82
두드리다 to knock 68
두바이 Dubai 135
둘러보다 to look around 132
뒷면 the back 124
들다 to pick up 48
들어주다 to listen to someone 48
등 etc. 27

따르다 to act in accordance with 118
딸아이 daughter 50
땅속 in the ground 124
떠오르다 to come to mind 110
(침대에서) 떨어지다 to fall (from the bed) 89
뜨개질 knitting 53

ㄹ

-(이)랑 with 20

ㅁ

마감 날짜 deadline 39
마무리하다 to finish; to wrap-up 50
마주치다 to come across 138
마침 just in time 76
맞다 to take in (someone as family) 54
맞다 to welcome 96
맞벌이 부부 working couple 47
매력 appeal 36
매번 every time 68
매연 exhaust gas 116
먼지가 나다 to be dusty 61
멈추다 to stop 90
멍이 들다 to get bruised 89
명소 attraction 138
몸살(을) 앓다 to suffer 124
무선 wireless 40
문화유산 cultural heritage 135
묻다 to ask 27
물이 새다 to have water leak 61

ㅂ

반려동물 companion animal; pet 109
발견되다 to be discovered 25
발끈하다 to fly into a rage 46
발을 헛디디다 to loose footing 89
발표가 나다 to be announced 22
법원 court 68
베란다 veranda 60
베르사유 궁전 Palace of Versailles 133
(손을) 베다 to cut (one's hand) 89

변기 toilet 60
변덕이 심하다 to be extremely fickle 46
(이메일을) 보내다 to send (an email) 32
보수 pay 81
보존하다 to preserve 132
보험으로 처리하다 to cover by insurance 88
보호하다 to protect 120
복도 hallway 60
복학하다 to go back to school 26
부담스럽다 to be burdensome 82
(다리가) 부러지다 to break (one's leg) 89
부양 support 108
부엌 kitchen 60
분주하다 to be busy 138
불빛이 화려하다 to be brightly lit 131
브레이크(를) 밟다 to step on the brakes 90
비닐봉지 plastic bag 124
빠뜨리다 to drop 92
(물에) 빠지다 to drown; to fall (into the water) 89
(발목을) 삐다 to twist (one's ankle) 89

ㅅ

사계절 four seasons 120
사고가 나다 to be in an accident 88
사고가 발생하다 to have an accident occur 88
사고를 내다 to cause an accident 88
사고를 당하다 to be involved in an accident 88
사고를 처리하다 to deal with an accident 88
사람들로 북적이다[붐비다] to be packed [crowded] with people 131
사로잡다 to capture; to captivate 138
사회적 인지도 social awareness 74
(문자 메시지를) 삭제하다 to delete (a text message) 32
산업화 industrialization 104
살얼음판 thin ice 96
상영하다 to show; to play 21
생각이 깊다 to be pensive 46
선녀 fairy 54
선정되다 to be chosen 22
설마 no way 48
설문 조사 survey 102
설문지 questionnaire 102

섬세하다 to be delicate 46
세대 generation 104
세련되다 to be refined 131
세면대 bathroom sink 60
소문 rumor 18
소문으로 듣다 to hear through the grapevine 18
소문을 내다 to start a rumor 18
소문을 듣다 to hear a rumor 18
소문을 퍼뜨리다 to spread a rumor 18
소문이 나다 to be rumored 18
소문이 돌다 to have a rumor go around 18
소문이 떠돌다 to have a rumor float around 18
소문이 퍼지다 to have a rumor spread 18
소비 성향 spending habits 106
소음이 심하다 to have so much noise 61
소통이 잘 되다 to have good communication 33
소형 compact 107
속보 news flash 19
수강생 student 79
수상 스키 water ski 25
수술 surgery 82
수요 demand 107
수입하다 to import 118
수질 오염 water pollution 116
숙소 lodging 78
숭례문 Sungnyemun (Namdaemun) 134
신고를 하다 to report 88
신문에 나다 to be in the newspaper 19
신문에 실리다 to be published in the newspaper 19
심각성 seriousness; severity 120
심리적 psychological 82
심장병 heart disease 23
썰매 sled 96
쑥스럽다 to be awkward 26
쓰레기를 분리 배출하다 to separate and dispose of trash 117

ㅇ

아랫사람 subordinate 27
안방 main bedroom 60
안부 tidings; greetings 27
알려 주다 to inform 26

알맞다 to be suitable 82
암기 memorization 23
야근하다 to work overtime (at night) 75
양면 both sides 124
양해 understanding 62
어려움(을) 겪다 to suffer 82
어린이집 daycare center 50
업무량 workload 74
엘리베이터 elevator 60
-여 more than 138
여가 시간 spare time 74
연봉 annual income 74
연상되다 to be associated (with) 110
영업부 sales department 22
영웅 hero 124
영월 Yeongwol city 118
예전 before; long ago 136
예측하다 to forecast 82
오염시키다 to pollute 124
오피스텔 multi-purpose studio apartment 78
온수관 hot water pipes 64
온실가스 greenhouse gas 116
(사진을) 올리다 to upload (a photo) 32
왕궁 Grand Palace 133
외근하다 to work outside the office 75
외모 appearance 53
외조 support of husband 47
요청하다 to request 68
욕실 bathroom 60
욕조 bathtub 60
용품 goods 107
우아하다 to be elegant 130
운전자 driver 90
웅장하다 to be grand; to be majestic 130
원님 magistrate 54
원룸 studio apartment 77
원어민 native speaker 76
위안 comfort 82
윗사람 superior 27
유네스코 세계 유산 UNESCO World Heritage 132
유람선 tour boat 138

유망하다 to be promising 82
유언비어 canard; wild rumor 18
유적 remains; ruins 138
으리으리하다 to be imposing; to be grand 130
응답자 respondent 102
의견을 나누다 to share an opinion 33
의견을 무시하다 to ignore an opinion 33
의사소통이 안 되다 to be unable to communicate with someone 33
의사소통이 원활하다 to have smooth communication 33
이국적이다 to be exotic 130
이달 this month 22
이동하다 to move 118
이러다 if this goes on; if this keeps up 118
이상 고온 abnormally high temperatures 120
이상 기후 abnormal climate 116
이송되다 to be transferred 96
이직하다 to change jobs 75
이태원 Itaewon 136
인기(를) 얻다 to gain popularity 110
인식하다 to be aware of 120
일관성(이) 있다 to be consistent 52
1인 가구 single-person household 102
일자리 work; job 76
일회용품 disposable products 116
일회용품 사용을 줄이다 to reduce use of disposable products 117
임원 executive 40
입만 아프다 to waste one's breath 48
입사하다 to join a company 75

ㅈ

자격 조건 qualifications 81
자격증 certificate; license 81
자기 개발 personal development 74
자상하다 to be thoughtful 46
자연과 조화를 이루다 to be in harmony with nature 130
자원[에너지]을 절약하다 to conserve natural resources [energy] 117
자존심이 강하다 to be proud 46
잔칫집 banquet hall 54
잘 삐치다 to sulk easily 46
장래성 prospects 74
장수하다 to live a long life 23

재계약(을) 하다 to renew a contract 79
재배하다 to grow; to cultivate 118
재앙 disaster 118
저수지 reservoir 96
적성 aptitude 74
전광판 passenger information screen 92
전달하다 to relay 82
전래 동화 folk tale 54
(이메일을) 전송하다 to submit (an email) 32
전업 주부 housewife; stay-at-home mom 47
전통찻집 traditional tea house 138
절반 half 108
정교하다 to be elaborate 130
정당하다 to be fair 68
정서적 emotional 82
정신없다 to be hectic 34
정자 pavilion 132
제대로 properly 26
제대하다 to be discharged (from the military) 20
제의 suggestion 79
조부모 grandparents 109
조사 대상 subjects of a survey 102
조선 시대 Joseon Dynasty 132
조회(수) hits 40
졸업장 diploma 81
주식 stock; share 40
주의(를) 주다 to make someone be careful 62
주장하다 to assert 68
주차장 parking lot 60
지구 the earth 124
지구 온난화 global warming 116
지나치다 to be excessive 68
지사 branch 22
(문자 메시지를) 지우다 to erase (a text message) 32
지원자 applicant 22
지정되다 to be designated 132
직원 복지 employee benefits 74
직장 상사 workplace superior 39
(일정을) 짜다 to make (a schedule) 106
찌그러지다 to be dented; to be crushed 90

ㅊ

차단하다 to block 40
차례 turn 54
찬성 agreement 40
창덕궁 Changdeok Palace 132
찾아가다 to visit 68
찾아뵈다 to visit 39
책임 responsibility 108
처방하다 to prescribe 82
천장이 울리다 to have the ceiling shake 61
천재 genius 23
(파일을) 첨부하다 to attach (a file) 32
첫눈에 반하다 to fall in love at first sight 54
첫사랑 first love 20
첫인사 opening remarks 27
청계천 Cheonggyecheon Stream 138
초인종 doorbell 68
추천서 letter of recommendation 39
출가하다 to marry; to leave home 109
출신 born 105
출퇴근 거리 commuting distance 74
층간 소음 noise between floors 68
친척 relative 26
친환경 제품을 구입하다 to purchase environmentally-friendly products 117

ㅌ

타지마할 Taj Mahal 133
터지다 to burst 64
토양 오염 soil pollution 116
퇴사하다 to resign 75
퇴직하다 to retire 75
튀어나오다 to pop out 90

ㅍ

(사진을) 편집하다 to edit (a photo) 32
폐수 wastewater 116
폐품을 재활용하다 to recycle waste 117
품위가 있다 to be dignified 130
피해를 보상하다 to compensate for damage 88

ㅎ

하긴 as a matter of fact 48
하수구 drain 60
한국적이다 to be Korean 130
한부모 가족 single-parent family 102
합성 세제 synthetic detergent 116
합의를 하다 to settle 88
해외 토픽 international news 19
핵가족 nuclear family 102
향수 perfume 48
허우적대다 to flounder 96
헛소문 false rumor 18
현관 front door 60
현대적이다 to be modern 131
현지(의) local 106
현황 current state 104
협상(을) 하다 to negotiate 79
형태 structure; form 104
화상을 입다 to get burned 89
화장실 restroom 60
화제 topic 25
화학 비료 chemical fertilizer 116
활기가 넘치다 to be full of life 131
회복하다 to recover 96
회사 분위기 work environment 74
후원 back garden 132
휴가를 내다 to take a vacation 78
휴직하다 to take a leave of absence 75
희망하다 to hope 78

집필위원 Authors

신경선	이화여자대학교 국제대학원 한국학과 한국어교육전공 박사 수료
	전 서울대학교 언어교육원 한국어교육센터 대우전임강사
김종호	서울대학교 농생명공학 석사
	서울대학교 언어교육원 한국어교육센터 대우전임강사
김미연	고려대학교 한국어문학 석사
	서울대학교 언어교육원 한국어교육센터 강사

번역위원 Translators

김종호	서울대학교 농생명공학 석사
	서울대학교 언어교육원 한국어교육센터 대우전임강사
Christina Ryu	미국 뉴욕주립대학교 (빙햄턴) 경제학 학사

감수 Supervisor

장은아	고려대학교 교육학 박사
	서울대학교 언어교육원 한국어교육센터 대우조교수

도와주신 분들 Contributing Staff

일러스트	이진희
사진촬영	박재영
녹음	미디어리더